UNIVERSITY OF NORTH CAROLINA
STUDIES IN THE ROMANCE LANGUAGES AND LITERATURES

Number 85

DE LA NATURAL HYSTORIA
DE LAS INDIAS

DE LA NATURAL HYSTORIA
DE LAS INDIAS

Por
Gonzalo Fernández de Oviedo

A Facsimile Edition Issued in Honor of
STERLING A. STOUDEMIRE

CHAPEL HILL
THE UNIVERSITY OF NORTH CAROLINA PRESS

This volume was prepared for the press by Frank M. Duffey, Sturgis E. Leavitt, William A. McKnight, Lawrence A. Sharpe and E. Daymond Turner. The editors are grateful to the Hispanic Foundation of the Library of Congress for valuable assistance.

Copyright © 1969 by
THE UNIVERSITY OF NORTH CAROLINA PRESS

TABLE OF CONTENTS

Sterling A. Stoudemire, Biography and Bibliography ix

Gonzalo Fernández de Oviedo, *De la natural hystoria de las Indias*, Bibliographical Note xv

Facsimile, *De la natural hystoria de las Indias* 1

List of Sponsors 111

Sterling A. Stoudemire

Biography

Sterling Aubrey Stoudemire, son of Palmer and Frances Cranford Stoudemire, was born in Concord, North Carolina, on September 4, 1902. Active in his church and in the community as pianist and violinist, he graduated from Spencer High School as president of his class and received a scholarship from the University of North Carolina. At the graduation ceremonies in Spencer in 1919 Cameron Morrison gave the commencement address and presented the diplomas to the graduating class. Later, by curious coincidence, Sterling was to receive his A.B. and M.A. diplomas at the University from the same man, then governor of the State.

At the University Sterling was a member of the Dialectic Society, the Phi Gamma Delta fraternity, and the Rowan County Club. His early interest in Spanish is attested by his membership in the Centro Hispano, of which he was secretary in his senior year. After graduation in 1923 he undertook graduate study in the Department of Romance Languages. It is a tribute to his undergraduate Spanish teacher, Sturgis E. Leavitt, later his colleague, collaborator, and friend, that Sterling decided to study languages instead of law.

Sterling received his M.A. in 1924, having presented a thesis on "Longfellow and Spain." The dissertation for his doctorate, conferred in 1930, was "The Dramatic Works of D. Antonio Gil y Zárate."

In World War II Sterling was commissioned lieutenant in the Naval Reserve. After training at Quonset Point Naval Air Station he served in Fleet Air Wing 16 as administrative officer and officer-in-charge of Naval Air Stations in Natal, Bahia, and Rio de Janeiro, Brazil. He was discharged as a lieutenant commander in Norfolk in 1945.

In 1926 Sterling married Irene Slate (deceased, 1940) of Spencer, N. C., by whom he had a daughter, Marian, now Mrs. James A. Hawkins of Rochester, N. Y. In 1946 he married Mary Arthur Billups of Norfolk. Their son, Cranford, entered the University at Chapel Hill in the fall of 1968.

On his graduation from the University Sterling was appointed instructor in Spanish. He was promoted to assistant professor in 1930, associate professor in 1933, and professor in 1941. From 1949 until 1964 he was chairman of the Department of Romance Languages, over which he presided with dedication and foresight during a period of rapid growth in size and complexity. The Department's present quarters, Dey Hall, were planned and built during his term as chairman.

The University committees of which Sterling has been a member would make an almost interminable list. Some of the most important are the General College Curriculum Committee, Fraternities, Honorary Degrees, Graduate School Fellowship Committee, Advisory Committee to the Chancellor, and the Committee on Buildings and Grounds. Of these the most significant, perhaps, is the last. The Durham *Morning Herald* wrote in 1961: "As chairman of the Buildings Committee since 1956, Dr. Stoudemire has helped maintain the 18th century dignity of the campus during one of its greatest periods of expansion. In the past five years, he and his committee have seen their recommendations take effect in such constructions as the Pharmacy Building, quarters for married students, and the Ackland Art Center." More recent structures for which this committee has been responsible include new buildings for zoology and geology, as well as the strictly modern psychology building, the undergraduate library, book store, and student union complex.

Sterling's activities have not been confined to the University. He has served as vestryman for the Episcopal Chapel of the Cross, delegate to the Diocesan Convention, and president of the Laymen's League. He has also been president of the Chapel Hill Country Club.

Among the many learned societies in which Sterling has been active are the American Association of Teachers of Spanish and Portuguese and the South Atlantic Modern Language Association, of which he was vice-president in 1961 and president in 1962. He has been a member of numerous committees of the Modern Language Association and secretary and chairman of several of its sections. He has also been active in the American Name Society. He was an editor of the *Modern Language Journal* from 1936 to 1942 and has served on the editorial boards of the *University of North Carolina Studies in Romance Languages and Literatures* and *Romance Notes*.

He is the author and coauthor of an impressive number of textbooks and he is almost constantly engaged in revising and improving them. His version of Fernández de Oviedo's *Natural History of the West Indies,* of interest not only to historians but also to botanists, zoologists, and geographers, is an important contribution to Oviedo scholarship.

Sterling's interest in Spanish literature of the nineteenth century, as evidenced by his doctoral dissertation on Gil y Zárate, has continued. Other major interests are the Italian opera in Spain and the literature of exploration. For a long time he has devoted himself with real affection to the life and works of the master of them all, Cervantes.

In a career of many significant achievements and distinctions, it is a matter of special pride that Sterling's former students occupy positions of importance in colleges and universities in all sections of the country.

BIBLIOGRAPHY

Books

A Two-Year Course in Spanish with Suggestions for a Third Year, U.N.C. Extension Bulletin, XI (Feb. 1932). (With others.)
Selections from Pérez de Ayala. New York: Norton, 1934. (With N. B. Adams.)
Elements of Spanish. New York: Holt, 1935 and 1938. (With S. E. Leavitt.)
¡Vamos a ver! A Spanish Workbook. New York: Holt, 1936. (With S. E. Leavitt.)
¡Vamos a leer! New York: Holt, 1938 and 1944. (With S. E. Leavitt.)
Concise Spanish Grammar. New York: Holt, 1942. (With S. E. Leavitt.)
Por los siglos. An Anthology of Hispanic Readings. New York: Holt, 1942. (With S. E. Leavitt.)
Cuentos de España y de América. Boston: Houghton Mifflin, 1942. New York: Holt, 1947.
Sound Spanish. New York: Holt, 1950. (With S. E. Leavitt.)
Co-editor, South Atlantic Studies for Sturgis E. Leavitt. Washington, 1953. (With T. B. Stroup.)
Consultant on Britannica World Language Dictionary. 2 vols. 1954.
Tesoro de lecturas. New York: Holt, 1957. (With S. E. Leavitt.)
Translator and editor of Gonzalo Fernández de Oviedo, Natural History of the West Indies. Chapel Hill: U.N.C. Press, 1959.
¡Vamos a leer! Unified Spanish. Third edition. New York: Holt, Rinehart and Winston, 1967. (With S. E. Leavitt.)
Editor for Spanish and Spanish American Literature, Merit Students Encyclopedia. New York: Crowell-Collier, 1967.

Articles

"Don Antonio Gil y Zárate's Birth-Date," Modern Language Notes, XLVI (March, 1931), 171-172.
"A Spanish Play on the Fair Rosamond Legend," Studies in Philology, XXVIII (October, 1931), 325-329.
"Gil y Zárate's Translations of French Plays," Modern Language Notes, XLVIII (May, 1933), 321-325.
"Research Clubs in the South," South Atlantic Bulletin, III (April, 1937), 1, 8, 9.
"Placement Tests in Spanish," Modern Language Journal, XXI (May, 1937), 593-596.
"Dionisio Solís's Refundiciones of Plays (1800-1834)," Hispanic Review, VIII (October, 1940), 305-310.
"Metastasio in Spain," Hispanic Review, IX (January, 1941), 184-191.
"A Note on Scott in Spain," Studies in Romance Languages and Literatures, (W. M. Dey Presentation Volume), Chapel Hill, N. C., 1950. Pp. 165-168.
"Franco-Spanish Relations," in D. C. Cabeen, A Critical Bibliography of French Literature. Vol. II, The Sixteenth Century. Ed. by A. H. Schutz. Syracuse, 1956. Pp. 296-299.

BOOK REVIEWS

Reviews of books, too numerous to list here, have appeared in a variety of periodicals, including:
- *Hispania*
- *Hispanic Review*
- *Modern Language Journal*
- *Modern Language Notes*
- *Names*
- *News and Observer* (Raleigh, N. C.)
- *Romanic Review*
- *The South Atlantic Bulletin*

DE LA NATURAL HYSTORIA DE LAS INDIAS

Bibliographical Note

The first edition of *De la natural hystoria de las Indias*, which is here reproduced, was issued by Master Remón de Petras in Toledo on February 15, 1526, and it was published at the author's expense. Oviedo's choice of printer is perhaps explained by the fact that during a period between October 10, 1524, and September 12, 1527, this press would seem to have been the most active one in the imperial city. Pérez Pastor, in addition to praising the "pericia y buen gusto" of Remón de Petras,[1] has identified as his at least nineteen of the forty-six books printed in Toledo during this period. The list is impressive: saints' lives, chronicles, romances of chivalry, the *Coplas de Mingo Revulgo,* and a fine edition of *La Celestina.* The last entry is a Castilian translation of the notorious Catalán *Gamaliel,* which Pérez assures us was "prohibida, y con sobrada razón, en todos los índices de España"[2] and its publication may, therefore, have terminated a flourishing editorial career. Pérez also lists nineteen titles whose printers he was unable to specify. It is possible that Remón de Petras was responsible for one or more of these.

Be that as it may, the present work, not to be confused with Oviedo's *Historia general de las Indias,* would not see another edition in Spanish until González Barcia's edition of Madrid, 1749. There would be one mid-nineteenth century peninsular edition (Madrid, 1858), and at least two in the present century (Madrid, 1942, and Salamanca, ca. 1963).[3]

The impressive thing about this most enduring of the printed works of our sixteenth century polygraph has been its continuing popularity abroad. An Italian translation appeared in Venice in 1534. Amada López de Meneses believes that this was the work of

---

[1] C. Pérez Pastor, *La imprenta en Toledo* (Madrid, 1887), p. xix.
[2] *Ibid.,* p. 64.
[3] Daymond Turner, *Gonzalo Fernández de Oviedo y Valdés: An Annotated Bibliography,* University of North Carolina Studies in the Romance Languages and Literatures, No. 66 (Chapel Hill, 1966), pp. 2-3.

Andrea Navagero, Venetian ambassador to the imperial court.[4] Another Italian edition appeared at Rome in 1535. And there were at least three printings of the translation by Oviedo's friend and correspondent Ramusio between 1556 and 1606.

There was a French edition at Paris, 1545. And there have been at least seven English versions, beginning with that of Richard Eden, London, 1555. The most recent is the excellent translation by Professor Stoudemire in 1959.[5]

E. D. T.

---

[4] Amada López de Meneses, "Andrea Navagero, traductor de Gonzalo Fernández de Oviedo," *Revista de Indias*, XV (71), pp. 63-72.

[5] Gonzalo Fernández de Oviedo, *Natural History of the West Indies*, translated and edited by Sterling A. Stoudemire, University of North Carolina Studies in the Romance Languages and Literatures, No. 32 (Chapel Hill, 1959), xvii, 140 pages.

DE LA NATURAL HYSTORIA
DE LAS INDIAS

Uiedo dela natural hystoria delas Indias.
Con preuilegio dela S.C.C.M.

Umario dela natural y general istoria delas Indias. que escriuio Gõçalo Fernãdez de Ouiedo alias de Ualdes natural dela villa de Madrid vezino y regidor dela cibdad ð santa Maria del antigua del Darien: en tierra firme. dando relacion ala. S.C.C.M. del Emperador don Carlos nuestro señor de algunas cosas que el dicho autor vido z ay enlas indias. Lo qual visto y esaminado enel consejo real delas Indias su. M. mando que fuesse impresso porque a todos los hombres fuesen notorias tan grandes z marauillosas y nueuas cosas: y que ninguna otra persona lo pudiesse imprimir ni vender ni traer de fuera destos reynos sino el dicho Gõçalo fernandez o quien su poder ouiere so graues penas: como mas largamente se contiene enel preuilegio real que para esto ay de su Magestad.

Prohemio.   Fo.ij.

¶ Prologo τ introducio͂ del dicho autor: endereçando la obra ala. S.C.C.R.M. del Emperador don Carlos.v. de tal no͂b:c. Rey delas Españas, y delas dos Secilias citra τ vltra far. τ de Jerusalem τ Ungria, Duque de Borgoña, Conde de Flandes. τc. nuestro Señor.

S.C.C.R.M.

A cosa q̄ mas co͂serua y sostiene las obras d̄ natura enla memoria delos mortales, son las ystorias y libros en q̄ se hallan escriptas: y aq̄llas por mas verdaderas y autenticas se estiman, q̄ por vista de ojos, el comedido entendimiento del ho͂b:e q̄ por el mundo ha andado, se ocupo en escreuirlas: τ dixo lo q̄ pudo ver y entendio de semejantes materias. Esta fue la opinio͂ del Plinio, el qual mejor q̄ otro autor, enlo que toca a la natural ystoria, en. xxxvij. libros en vn volume͂: dirigido a ~~Domicia~~ [Vespasia]no emperador, escriuio: y como prudente ystorial, lo q̄ oyo dixo a quie͂: y lo q̄ leyo, atribuye alos autores q̄ antes q̄ el lo notaro͂: y lo q̄ el vido, como testigo de vista acomulo enla sobredicha su ystoria. y mitando al mismo quiero yo enesta breue suma traer ala real memoria de. V.M. lo q̄ he visto en vuestro Jmperio ocide͂tal, delas indias, yslas, τ tierra firme del mar Oceano: donde ha doze años q̄ passe por veedor delas fundiciones del oro por ma͂dado del Catolico rey don Ferna͂do quinto de tal no͂b:e q̄ en gloria esta abuelo de. V.M. τ despues de sus dias he seruido y espero seruir lo q̄ dela vida me quedare en aquellas partes a. V.M. to do lo qual τ otras muchas mas cosas desta calidad, muy mas copiosame͂te yo te͂go escripto, τ esta enlos originales τ Cronica q̄ yo escriuo desde q̄ tuue edad para ocuparme en semejante materia: assi delo q̄ passo en España: desde el año de. M.cccc.xc. años hasta aqui: como fuera della, enlas partes y reynos q̄ yo he estado: distinguie͂do la Cronica τ vidas delos Catolicos reyes do͂ Fernando τ doña Ysabel de gloriosa memoria hasta el fin de sus dias: delo que despues de vuestra bie͂ auenturada succession se ha ofrecido. De mas desto, tengo a parte escripto todo lo que he podido co͂prehender τ notar delas cosas de indias: τ porq̄ todo aq̄llo esta enla cibdad de santo Domingo dela ysla Española, do͂de

A ij

Prohemio.

tengo mi casa τ assiento τ muger τ hijos, τ aqui no truxe ni ay desta escriptura mas delo que enla memoria esta τ puedo della aqui recoger: determino para dar a. V. M. alguna recreacion de resumir en aqueste repertorio algo delo q̃ me paresce: q̃ avn q̃ aca se aya escripto, y testigos de vista lo ayan dicho no sera tan apuntadamente en todas estas cosas, como aqui se dira: avn q̃ en algunas dellas o en todas, ayā hablado la verdad los q̃ a estas partes vienen a negociar, o entender en otras cosas q̃ de mas interesse les pueden ser: los q̃ les quita dela memoria las cosas de esta calidad porq̃ con menos atēcion las miran τ cōsiderā, q̃ el que por natural inclinacion como yo ha desseado saberlas τ por la obra ha puesto los ojos en ellas. Aqueste sumario no contradira lo que (como he dicho) mas estensamente tengo escripto: pero sera solamēte para el efecto que he dicho en tanto q̃ dios me lleua a mi casa para embiar desde alli, todo lo que tengo penetrado y entēdido desta verdadera historia. Ala qual dando principio digo assi: que como es notorio, don Christoual colom primero Almirante destas indias, las descubrio en tiēpo delos Catolicos reyes don Fernando τ doña ysabel, abuelos de. V. M. enel año de. M.cccc.xcj. años, τ vino a Barcelona enel de Mil.cccc.xcij. con los primeros indios y muestras delas riquezas τ noticia deste imperio occidental. El qual seruicio hasta oy es vno delos mayores que ningū vassallo pudo hazer a su principe τ tan vtil a sus reynos: como es notorio τ digo tā vtil porq̃ hablādo la verdad, yo no tengo por castellano ni buē español al hōbre q̃ esto desconociesse. Pero porq̃ aq̃sto esta mas particularmente dicho y escripto por mi (donde he dicho) no quiero dezir en esta materia otra cosa sino abreuiando lo q̃ de suso prometi, especificar algunas cosas las quales seran muy pocas a respecto delos millares q̃ desta calidad se pueden dezir. E primeramente tratare del camino τ nauegacion τ tras aquesto dire dela manera de gēte que en aq̃llas partes habitā: τ tras esto delos animales terrestres, y delas aues, y delos rios y fuentes τ mares y pescados: τ delas plantas τ yeruas τ cosas que produze la tierra: y de algunos ritos τ çirimonias de aquellas gētes saluajes. Pero porq̃ ya yo estoy despachado para boluer a aq̃lla tierra, τ yr a seruir a. V. M. en ella sino fuere tan ordenado lo q̃ aqui sera contenido ni por tanta regla dicho, como me ofrezco q̃ estara enel tratado q̃ he dicho que tengo copioso de todo ello, no mire. V. M. en esto, sino en la nouedad delo que quiero dezir: que es el fin con que a esto me mueuo. Lo qual digo y escriuo por tanta verdad como ello es, como lo podran dezir muchos testigos fidedignos que en aquellas partes han estado, que buen en estos reynos: τ otros que al presente en esta corte de. V. M. oy estan τ aqui andan que en aquellas partes buen.

De la nauegacion.   Fo.iij.
De la nauegacion. Cap.j.

La nauegacion desde España: q̃ comũmẽte se haze para las indias/es desde Seuilla/ dõde. S.M. tiene su casa real de cõtratacion/para aq̃ llas partes: τ sus oficiales delos q̃ les tomã licẽcia los capitanes y maestres delas naos q̃ aql viaje hazen: τ se enbarcã en sant Lucar de barrameda dõde el rio de Guadalqueuir entra enel mar Oceano: y de alli siguen su derrota para las yslas de Canaria/τ comũmente toca en vna de dos de aq̃llas siete q̃ son: y es/en grã Canaria/o enla Gomera/τ alli los nauios tomã refresco de agua y leña τ q̃sos τ carnes frescas τ otras cosas/las q̃ les pareçe q̃ d'uen añadir sobre el principal bastimẽto q̃ ya desde españa lleuã. A estas yslas desde España tardã comũmente ocho dias poco mas/o menos: y llegados alli/an andado doziẽtas y cinq̃uta leguas. Delas dichas yslas tornãdo a proseguir el camino/tardã los nauios veynte τ cinco dias/poco mas o menos hasta ver la primera tierra delas yslas q̃ estan antes de la q̃ llamamos española: τ la tierra q̃ comũmẽte se suele ver primero/es vna delas yslas q̃ llamã. todos Sctõs. Marigalãte. la Desseada. Matitino. la Dominica. Guadalupe. sant Christoual. τc. o alguna delas otras muchas q̃ estã cõ las suso dichas. Pero algunas vezes acaesce q̃ los nauios passan sin ver ninguna de las dichas yslas/ni de quãtas en aq̃l paraje ay/hasta q̃ veen la ysla de san Juã/o la Española/o la de Jamayca/o la de Cuba q̃ estan mas adelãte/o por vẽtura nigũa de todas ellas hasta dar enla tierra firme: pero aq̃sto acaesce q̃ndo el piloto no es diestro enla nauegaciõ. Pero haziẽdose el viaje cõ marineros diestros (delos quales ya ay muchos) siẽpre se reconosce vna delas primeras yslas que es dicho: τ hasta alli se nauegã nueueciẽtas leguas desde las yslas de canaria/o mas. y de alli hasta llegar ala cibdad de santo Domigo q̃ es en la ysla Española/ay ciento τ cinq̃uta leguas. Assi q̃ desde españa hasta alli ay: mil τ treziẽtas leguas: pero como se nauega/bien se andan mil τ quiniẽtas/y mas. Tardasse enel viaje comũmẽte/treynta τ cinco/o quarẽta dias: esto/lo mas cõtinuadamẽte/no tomãdo los estremos delos q̃ tardã mucho mas/o llegã muy mas p̃sto/porq̃ aqui no se ha de entẽder/ sino lo q̃ las mas vezes acaesce. La buelta d'sde aq̃llas partes a estas/suele ser de algo mas tpõ/assi como hasta cinq̃uta dias/pocos mas o menos. No obstãte lo qual eneste presente año de. M.D.y.xxv. an venido quatro naos desde santo Domingo a sant Lucar de España en veynte τ cinco dias: pero como dicho es/no auemos de juzgar lo q̃ raras vezes se haze/ sino lo q̃ es mas ordinario. Es la nauegacion muy segura τ muy vsada

Desde España hasta Santo Domingo de la ysla Española ay. Mil y trezẽ tas leguas.

A iij

Dela ysla Española.

hasta la dicha ysla: τ dsde ella a tierra firme atrauiessan las naos en cinco y seys/τ siete dias/τ mas/segun ala parte donde va guiadas: porq la dicha tierra firme es muy grande/τ ay diuersas nauegaciones τ derrotas para ella. Pero la tierra q esta mas cerca desta ysla/y esta en frente de santo Domingo es aqsta. Todo esto/es mejor remitirlo alas cartas de nauegar τ cosmographia nueua: la qual ignorada por Tholomeo τ los antiguos/ninguna cosa della hablaron: pero porq aqsto no es menester para aqui: yre alas otras particularidades donde me deterne mas que en aquesto/que es mas para la general ystoria que destas indias yo escriuo/que no para este lugar.

⁋ Dela ysla Española. Cap. ij.

La ysla Española tiene de longitud desde la punta de Higuey/hasta el cabo del Tiburon/mas de ciento y cinquenta leguas: y de latitud/desde la costa o playa de Nauidad/q es al norte/hasta cabo de lobos/q es dela vada del Sur/cinquenta τ cinco leguas. Esta la propria cibdad en .xix. grados ala parte del medio dia. Ay en esta ysla muy hermosos rios y fuentes/τ algunos dllos muy caudales/assi como el dla Ozama q es el q entra en la mar en la cibdad de santo Domingo/τ otro q se llama Neyua/q passa cerca dla villa de sant Juā dela maguana/τ otro q se dize Hati bonico/τ otro q se dize Hayna/τ otro Riçao/τ otros menores/q no curo de expssar. Ay en esta ysla vn lago q comiença a dos leguas dela mar cerca dela villa dela yaguana/q tura quinze leguas/o mas/hazia el oriēte: y en algūas partes es ancho vna τ dos y tres leguas/y en las otras partes todas/es mas angosto mucho: y es salado en la mayor parte del/y en algūas es dulce: en especial dōde entran enel algunos rios y fuentes. Pero la verdad es q es ojo de mar/la ql esta muy cerca del: τ ay muchos pescados de diuersas maneras enel dicho lago: en especial grādes Tiburones q dela mar entrā enel por debaxo de tierra/o por aql lugar o partes q por dbaxo de lla la mar espira y perea el dicho lago/y esto es la mayor opiniō dlos q el dicho lago an visto. Aqsta ysla fue muy poblada de indios/τ vuo en ella dos reyes grādes/q fuerō Caonabo τ Guarionex: τ dspues subcedio enel señorio Anacaona. Pero porq tan poco quiero dezir la manera de la cōquista/ni la causa de auerse apocado los indios/por no me detener ni dezir lo q larga y verdaderamēte tēgo en otra parte escripto: y porq no es esto delo q he d tratar/sino de otras pticularidades de q. V. M. no deue tener tāta noticia/o se le puedē auer oluidado: resoluiendome en lo que de aqsta ysla aqui pense dezir: digo/q los indios que al presente ay son pocos τ los christianos no son tantos quantos deuria auer por cau

⁋ Lago de xaragua.

⁋ Que vuo dos reyes que señoreauā en la ysla Española quando fue descubierta.

[6]

De la ysla Española. Fo.iiij.

sa q̃ muchos delos q̃ en aquella ysla auia se ha passado alas otras yslas
τ tierra firme:porq̃ de mas de ser los hombres amigos de nouedades/
los q̃ a aquellas partes van:por la mayor parte son mancebos τ no obli
gados por matrimonio a residir en parte alguna:y porq̃ como se ha des
cubierto τ descubren cada dia otras tierras nueuas paresceles q̃ en las
otras hinchiran mas ayna la bolsa:y avn que assi aya acaescido a algu
nos/los mas se han engañado:en especial los que ya tenian casas y as
sientos en esta ysla: porque sin ninguna duda yo creo conformandome
con el parescer de muchos/que si vn principe no touiesse mas señorio de
aquesta ysla sola:en breue tiempo seria tal que ni le haria ventaja Seci
lia/ni Inglaterra/ni al presente ay de que pueda tener cinbidia a ningu
na delas que es dicho:antes lo que en la ysla Española sobra/podria ha
zer ricas a muchas prouincias τ reynos: porque de mas de auer mas
ricas minas τ de mejor oro/que hasta oy en parte del mūdo en tanta cā
tidad se ha hallado ni descubierto:alli ay tanto algodon produzido de
la natura/que si se diessen alo labrar y curar dello/mas y mejor que en
parte del mundo se haria. Alli ay tanta Cañafistola τ tan excelente que
ya se trae a España en mucha cātidad:τ desde ella se lleua τ reparte por
muchas partes del mundo:τ vasse augmentando tanto q̃ es cosa de ad
miracion. En aquella ysla ay muchos τ muy ricos ingenios de açucar:
la qual es muy perfecta τ buena τ tanta/que las naos vienen cargadas
della cada vn año. Alli todas las cosas que se siembran τ cultiuan delas
que ay en España/se hazen muy mejor y en mas cantidad que en parte
de nuestra Europa:τ aquellas se dexā de hazer τ multiplicar:delas qua
les los hombres se descuydan o no curan:porque quieren el tiempo que
las han de esperar/para le ocupar en otras ganancias τ cosas que mas
presto hinchan la medida delos cobdiciosos q̃ no han gana de perseue=
rar en aquellas partes. Desta causa no se dan a hazer pan ni a poner vi
ñas: porque en aquel tiempo que estas cosas tardaran en dar fruto:las
hallan en buenos precios τ selas lleuan las naos desde españa: τ labrā
do minas o exercitandose en la mercaderia:o en pesquerias de perlas o
en otros exercicios como he dicho/mas presto allegan hazienda delo q̃
la juntarian por la via del sembrar el pan o poner viñas: quanto mas q̃
ya algunos/en especial quien piensa perseuerar en la tierra se dan a po
nerlas. Assi mismo ay muchas frutas naturales dela misma tierra: τ de
las q̃ de españa se han lleuado/todas las q̃ se han puesto se hazen muy biē.
E porq̃ particularmente se tratara adelante destas cosas que por su ori
gen la misma ysla τ las otras partes delas indias se tenian τ hallaron
en ellas los christianos/digo q̃ delas q̃ lleuarō de España ay en aq̃lla ysla
en todos los tpos del año mucha τ buena ortaliza de todas maneras.

⁌ Muy ricas
minas de oro.
⁌ Mucho algo
don.
⁌ Mucha Ca-
ñafistola.
⁌ Muchos in=
genios de Açu
car.
⁌ Todo lo que
se siembra delas
cosas de españa
se haze muy me
jor en aq̃lla ysla

⁌ Muchas fru
tas delas natu-
rales dela ysla:
y delas que de a
ca se hā lleuado.

⁌ Ortaliza to=
do el año.

A iiij

De la ysla Española.

Higos todo el año.

Animales Cori: y Hutia.

Muchas vacas y Hutias y yeguas y puercos y todos los otros ganados q̃ ay en españa.

Muy buenos pastos y ayres y excelẽtes aguas

Delos Pueblos que ay en la dicha ysla.

Dela cibdad de santo domingo.

muchos granados τ buenos:muchos naranjos dulces τ agros: τ muy hermosos limones τ cidros. τ de todos estos agros muy grã cantidad ay muchos higos todo el año. τ muchas Palmas de Datiles: τ otros arboles τ plantas que de España se han lleuado. En esta ysla ningun animal de quatro pies auia/sino dos maneras de animales muy pequeñicos que se llaman Hutia τ Cori/que son quasi a manera de Conejos. Todos los de demas que ay al presente se an lleuado de España delos quales no me paresce que ay que hablar pues de aca se lleuaron/ni q̃ se deua notar mas principalmente que la mucha cantidad en que se han augmẽtado:assi el ganado vacuno como los otros: pero en especial las vacas/delas quales ay tãtas: q̃ son muchos los señores de ganados q̃ passan de mil τ dos mil cabeças:τ hartos q̃ passan de tres τ quatro mil cabeças:τ tal q̃ llega a mas de ocho mil. De quinientos/τ algunos mas o poco menos/son muchos los que las alcançan:τ la verdad es/q̃ la tierra es delos mejores pastos del mundo para semejãte ganado: τ de muy lindas aguas/τ tẽplados ayres:τ assi las reses son mayores τ mas hermosas mucho/que todas las que ay en España: τ como el tiẽpo en aquellas partes es suaue τ de ningun frio/nũca estan flacas ni de mal sabor. Assi mismo ay mucho ganado ouejuno:τ puercos en gran cantidad:de los quales y delas vacas muchos se hã hecho saluajes: τ assi mismo muchos perros τ gatos delos que se lleuaron de España para seruicio de los pobladores que alla an passado/se fueron al monte/τ ay muchos dellos τ muy malos:en especial perros que se comen ya algunas reses por descuydo delos pastores que mal las guardan. Ay muchas yeguas τ cauallos τ todos los otros animales de que los hombres se sirue en España que se han augmentado/delos q̃ desde ella se han lleuado. Ay algunos pueblos avn que pequeños en la dicha ysla delos quales no curare de dezir otra cosa sino que todos estan en sitios τ prouincias que andãdo el tiẽpo cresceran y se ennoblesceran/ en virtud dela fertilidad τ abũdancia dela tierra:pero del principal dellos/q̃ es la cibdad de santo Domingo mas particularmente hablãdo/digo/que quanto alos edificios/ ningun pueblo de España tanto por tãto/avn q̃ sea Barcelona (la qual yo he muy bien visto muchas vezes)le haze ventaja/generalmente. por que todas las casas de santo Domingo son de piedra como las de Barcelona por la mayor parte:o de tan hermosas tapias y tan fuertes/q̃ es muy singular argamassa:y el assiẽto muy mejor q̃ el de Barcelona/por que las calles son tanto y mas llanas τ muy mas anchas τ sin compara cion mas derechas: porque como se ha fundado en nuestros tiẽpos/de mas dela oportunidad y aparejo dela disposicion para su fundamento/ fue traçada con regla τ compas/τ a vna medida las calles todas/en lo

De la ysla Española.　　Fo.v.

qual tiene mucha ventaja a todas las poblaciones que he visto. Tiene tan cerca la mar/que por la vna parte no ay entre ella τ la cibdad mas espacio dela ronda/τ aqueste es de hasta cinquenta passos de ancho dõde mas espacio se aparta: τ por aquella parte baten las ondas en biua peña τ costa braua: τ por otra parte al costado τ pie delas casas passa el rio Oçama/que es marauilloso puerto τ surgen las naos cargadas junto a tierra/τ debaxo delas ventanas/τ no mas lexos dela boca por donde el rio entra en la mar/velo que ay desde el pie del cerro de Monjuyc al monesterio de sant Francisco o ala lonja de Barcelona: y en medio deste espacio/esta en la dicha cibdad/la fortaleza τ castillo/debaxo del qual τ a veynte passos del/passan las naos a surgir algo mas adelãte en el mismo rio: τ desde que las naos entran en el hasta que echan el ancora/no se desuian delas casas dela cibdad treynta o quarẽta passos/sino al luego della/porque de aquella parte la poblacion esta junto al agua del rio. Digo que de tal manera tan hermoso puerto/ni de tal descargazon/no se halla en mucha parte del mundo. Los vezinos que en esta cibdad puede auer/seran en numero de setecientos/y de casas tales como he dicho/y algunas de particulares tan buenas/que qualquiera delos grandes de Castilla se podrian muy bien aposentar en ellas/τ señaladamente la que el Almirante don Diego colom visorey de. V. M. alli tiene/es tal q̃ ninguna se yo en España de vn quarto/que tal le tenga: atentas las calidades della: assi el assiento que es sobre el dicho puerto/como en ser toda de piedra/τ muy buenas pieças τ muchas τ dela mas hermosa vista de mar τ tierra que ser puede: τ para los otros quartos que estan por labrar desta casa/tiene la disposicion conforme alo que esta acabado: que es tanto/que como he dicho. V. M. podria estar tambien aposentado como en vna delas mas cõplidas casas de Castilla. Ay assi mismo vna yglesia cathedral que agora se labra/dõde assi el obispo como las dignidades τ canonigos della/esta muy bien dotados/τ segun el aparejo ay de materiales/τ la continuacion dela lauor/esperasse que muy presto sera acabada/τ assaz sumptuosa τ de buena proporcion y gentil edificio por lo que yo vi ya hecho della. Ay assi mismo tres monesterios/que son santo Domingo/τ sant Francisco/τ santa Maria dela merced. Assi mismo de muy gentiles edificios: pero moderados τ no tan curiosos como los de españa. Pero hablando sin perjuyzio de ninguna casa de religiosos: puede. V. M. tener por cierto/q̃ en estas tres casas se sirue dios mucho/porque verdaderamente ay en ellas santos religiosos τ de grande exemplo. Ay assi mismo vn muy gentil hospital donde los pobres son recogidos τ bien tratados/que el thesorero de. V. M. miguel de passamonte fundo. Vasse cada dia augmentando y ennoblesciendo esta cibdad/τ

　　　　　　　　　　　　　　　　　　　　A　v

⁋ Del castillo o fortaleza.

⁋ Del puerto d̃ la dicha cibdad de santo Domingo.

⁋ La casa del almirante.

⁋ Yglesia Episcopal.

⁋ Tres monasterios.

⁋ Un hospital.

Dela ysla Española.

siempre sera mejor. Assi porque enella reside el dicho almirante visorey τ la audiencia τ Chancilleria real que. V.M. en aquellas partes tiene: como porque delos que en aquella ysla biuen/los mas delos que mas tienen/son vezinos dela dicha cibdad de santo Domingo.

¶ Dela gente natural desta ysla
τ de otras particularidades della. Cap.iij.

La gente desta ysla es de estatura algo menor que la de España comunmente: τ de color/loros claros. Tiene mugeres proprias: τ ninguno dellos toma por muger a su hija propria/ni hermana/ni se echa con su madre: y en todos los otros grados vsan conellas seyendo/o no siendo sus mugeres. Tienen las frentes anchas τ los cabellos negros τ muy llanos τ ninguna barua ni pelos/en ninguna parte dela persona/assi los hombres como las mugeres: τ quando alguno o alguna tiene algo desto/es entre mil vno τ rarissimo: andan desnudos como nascieron: saluo que enlas partes que menos se deuen mostrar/traen delante vna pampanilla/que es vn pedaço de lienço o otra tela tamaño como vna mano/pero no con tanto auiso puesto/que se dexe de ver quanto tienen. Mas paresceme conuiniente cosa antes que adelante se proceda/dezir la manera del pan τ mantenimiento que estos indios de esta ysla tienen/porque menos nos quede que dezir enlo de tierra firme: porque quanto a esta parte/los vnos τ los otros/quasi tienen vn mantenimiento.

¶ Del pan delos indios que hazen del Mahiz. Cap.iiij.

En la dicha ysla Española tienen los indios τ los christianos q̃ despues vsan comer el pan destos indios/dos maneras dello. La vna es Mahiz/que es grano: τ la otra/Caçabi/que es rayz. El Mahiz se siẽbra τ coje desta manera. Esto es vn grano que naçe en vnas maçorcas de vn xeme τ mas y menos longueza/llenas de granos/quasi tan gruessos como garuãços: τ para los sembrar lo que se haze primero/es talar los cañaucrales y mõte donde lo quieren sembrar (porque la tierra donde nace yerua τ no aruoles τ cañas/no es tan fertil) τ despues que se ha hecho aquella tala/o roça: q̃ masse: τ despues de quemada la tierra que assi se talo/queda de aquella ceniza vn tẽple ala tierra mejor que si se estercolara: τ toma el indio vn palo enla mano tan alto como el/τ da vn golpe de punta en tierra τ saca

De la ysla Española.   Fo. vj.

le luego y en aql aguiero q̄ bizo/echa cō la otra mano/ siete o ocho granos pocos mas o menos del dicho Mabiz: τ da luego otro passo adelāte/ τ baze lo mismo: y desta manera a cōpas prosigue basta que llega al cabo dela tierra que se siembra/ τ va poniendo la dicha simiente: τ a los costados del tal indio van otros en ala/baziendo lo mismo: y desta manera tornan a dar al contrario la buelta sembrando/ τ assi cōtinuando lo basta que acaban. Este Mabiz desde a pocos dias naçe/porq̄ en quatro meses se coje (τ alguno ay mas temprano que viene desde a tres) pero assi como va nasciendo tienen cuydado delo deseruar/ basta que esta tan alto que va ya el mabiz señoreando la yerua: τ como esta ya biē crescido τ comiēça a granar/es menester ponerle guarda: enlo qual los indios ocupan los mochachos/ que a este respeto bazē estar encima de aruoles τ cadabalsos que ellos bazen de cañas y de maderas / cubiertos por el agua y el sol desuso: τ desde alli dan grita τ bozes oreando los papagayos/ que vienen muchos a comer los dichos Mabizales. Este pan tiene la caña o asta en que naçe/ tā gruessa como el dedo menor dela mano/ τ algo menos/ τ alguno algo mas/ τ cresçe mas alto comunmente q̄ la estatura del hombre: τ la boja es como la de la caña comun de aca/ saluo que es mas luenga/ τ mas domable τ no tan aspera/ pero no menos angosta. Echa cada caña vna maçorca/en que ay dozientos y treziētos τ quinientos/ τ muchos mas y menos granos/ segun la grandeza dela maçorca. τ algunas cañas echan dos y tres maçorcas: τ cada maçorca esta cinbuelta en tres o quatro/o alomenos en dos bojas/o cascaras jūtas/ τ justas a ella: asperas algo τ quasi dela tez o genero delas bojas de la caña en q̄ naçe: y esta el grano embuelto de manera q̄ esta muy guardado del sol τ del ayre/ τ alli dentro se sazona: τ como esta seco/ se coje. ¶ Pero los papagayos τ los monos gatos/ mucho daño bazē enello sino se guarda delos monos. enla ysla seguros estā/porque (como primero se dixo) ninguna cosa de quatro pies/ mas de Coris τ Dutias/ no auia en ella: y estos dos animales no lo comen: pero los puercos agora bazē daño/ y en la tierra firme/mas: porque siempre los vuo saluajes/ τ muchos Cieruos τ gatos monos que comen los mabizales. E por tanto assi por las aues como por los animales conuiene auer vigilāte τ cōtinua guarda: en tanto que enel campo esta el mabiz. y esto se aprendio todo delos indios/ τ dela misma manera lo bazē los christianos que en aquella tierra biuen. Suele dar vna banega de sembradura: veynte/ τ treynta/ τ cinquenta y ochēta/ y en algunas partes mas de ciēt banegas. Cogido este pan τ puesto en casa se come desta manera. Enlas yslas comianlo en grano tostado/o estando tierno q̄ si en leche: τ despues q̄ los christianos alli poblaron dasse a los cauallos y bestias de que se siruē/ y es les muy grā-

Dela ysla Española.

de mantenimiento:pero en tierra firme tienē otro vso deste pan los indi
os/y es desta manera. Las indias especialmente lo muelē en vna piedra
algo concauada/cō otra redonda q̄ enlas manos traen a fuerça de bra-
ços/como suelen los pintores moler las colores: y echādo de poco en po-
co/poca agua/la qual assi moliendo se mezcla cōel Mabiz/ τ sale de alli
vna manera de pasta como massa/τ tomā vn poco de aquello y embuel-
uenlo en vna hoja de yerua q̄ ya ellos tienē para esto/o en vna hoja dela
caña del proprio mabiz/o otra semejante/y echālo enlas brasas τ assase
τ endurescese τ tornasse como pan blanco/τ haze su corteza por defuso/
τ dedentro deste bollo/esta la miga algo mas tierna que la corteza: τ ase
de comer caliente:porq̄ estando frio/ni tiene tan buen sabor/ni está bue
no de mascar/porq̄ esta mas seco τ aspero. Tābien estos bollos se cuezē/
pero no tienen tan buen gusto. y este pan despues de cozido o assado no
se sostiene sino muy pocos dias/τ luego desde a q̄tro/o cinco dias se mo
hece τ no esta de comer.

⸿Otra manera de pan que hazen
los indios/de vna planta que llaman yuca. Cap̄.v.

Y otra manera de pan que se llama
Caçabi/q̄ se haze de vnas rayzes de vna plāta que los indios
llaman/yuca: esto no es grano sino planta: la qual es vnas plā
tas que hazē vnas varas mas altas q̄ vn hōbre: τ tiene la hoja dela mis
ma manera que el cañamo/como vna palma de vna mano de vn hōbre/
abiertos y tendidos los dedos: saluo que aquesta hoja es mayor τ mas
gruessa que la del cañamo:τ toman para la sembrar esta rama desta plā
ta/τ hazenla troços tan grandes como dos palmos: τ algunos hōbres
hazen mōtones de tierra a trechos/τ por linderos en orden/como en este
reyno de Toledo ponē las çepas delas viñas a compas/y en cada mon
ton ponen cinco/o seys/o mas de aq̄llos palos desta planta: otros no cu
ran de hazer montones/sino llana la tierra: hincan a trechos estos plan
tones:pero primero han roçado/o talado/τ quemado el mōte para sem
brar la dicha yuca/segū se dixo enel capitulo dl mabiz escripto antes de
ste:τ desde a pocos dias nasce/porq̄ luego prende/τ assi como va cresciē
do la yuca/assi van alimpiādo el terreno dela yerua/hasta q̄ esta planta
señorea la dicha yerua: y esta no tiene peligro dlas aues/pero tienele mu
cho delos puercos(sino es dela q̄ mata)que ellos no osan comer porque
rebentarían comiendola:pero ay otra que no mata: q̄ es menester guar
darla a causa del hoçar/porque el fruto desto nasce enlas rayzes delas
dichas plantas:entre las quales se hazen vnas maçorcas como çanabo

De la ysla Española. Fo. vij.

rias gruessas/ τ muy mayores comunmente/ τ tienen vna corteza aspera/τ quasi la color como leonada/entre parda/τ dedentro esta muy blanca: τ para hazer pan della que llaman Caçabi/rallanla/τ despues aquello rallado estrujanlo en vn Cibucan/que es vna manera de talega/de diez palmos/o mas/de luengo/y gruessa como la pierna/que los indios hazen de palmas como estera texido/ τ con aquel dicho çibucan torciendolo mucho/como se suele hazer quando delas almendras majadas se quiere sacar la leche: τ aql cumo que salio desta yuca/es mortifero τ potentissimo venino/porque cõ vn trago subito mata: pero aquello q̃ do despues de sacado el dicho cumo/o agua dela yuca/ τ q̃ queda como vn saluado liento: tomanlo τ ponen al fuego vna caçuela de barro llana/dl tamaño que quieren hazer el pan/y esta muy caliente/τ no haze sino desparzir de aquella ciuera espremida muy bien sin que quede ningun cumo enella/τ luego se quaja τ se haze vna torta del gordor que quieren/y del tamaño dela dicha caçuela en que la cuezen: τ como esta quajada sacanla τ curanla poniendola algunas vezes al sol/ τ despues la comen/ y es buen pan: pero es de saber que aquella agua que primero se dixo que auia salido dela dicha yuca: dandole ciertos beruores/ τ poniendola al sereno ciertos dias/se torna dulce/τ se siruen τ aprouechã della como de miel/o otro licor dulce para lo mezclar con otros manjares: τ despues tambien tornandola a beruir y serenar/se torna agro aquel cumo/τ sirue de vinagre en lo que le quieren vsar τ comer sin peligro alguno. Este pan de Caçabi se sostiene vn año/τ mas: τ lo lleuan de vnas partes a otras muy lexos sin se corromper ni dañar: τ avn tambien por la mar es buen mantenimiento/ τ se nauega conel por todas aquellas partes/ τ yslas/τ tierra firme/sin que se dañe/sino se moja. Esta yuca deste genero que el cumo della mata/como es dicho la ay en grand cantidad/enlas yslas de sant Juan/τ Cuba/τ Jamayca/y la Española: pero tambien ay otra que se llama Boniata/que no mata el cumo della: antes se come la yuca assada como canahorias/y en vino τ sin el/y es buen manjar: y en tierra firme/toda la yuca es desta Boniata: τ yo la he comido muchas vezes como he dicho/porque en aquella tierra no curan de hazer Caçabi della/todos sino algunos: τ comunmente la comẽ dela manera que he dicho/assada enel rescoldo de la brasa/y es muy buena. Pero la del cumo que mata/es enlas yslas/donde ha acaescido estar algun Cacique/o principal indio y otros muchos conel/τ por su voluntad matarse muchos juntos: τ despues que el principal/por exortacion del demonio dezia a todos los que se queria matar conel/las causas que le parescia para los atraer a su diabolico fin/toman sendos tragos dl agua/ o cumo dela yuca/ τ subitamente morian todos/ sin remedio alguno.

⁋ Nota que el cumo dela yuca de que haze pã es venino.

⁋ Que el cumo dela yuca q̃ primero era venino se torna dulce: y es sano y dspues se torna agro τ sirue de vinagre.

⁋ Que ay otro genero de yuca que no mata el cumo como della: τ se come sin hazerse pan.

⁋ Nota esta manera de matarse los indios: de su grado.

De la ysla Española.

Esta yuca no llega a su perficiõ ni esta de coger hasta que passan diez meses o vn año que esta sembrada/ τ quando esta desta edad/ la comiençan de gastar/ o aprouecharse della.

¶ Delos mantenimientos de los indios allende del pan que es dicho. Cap. vj.

PUes se ha dicho del pan delos indios/ digase delos otros mãtenimientos que enla dicha ysla vsauan/ con que se sostenian/ de mas delas frutas y pescados: que esto esta remetido adelante/ por ser comũ en todas las indias: pero allẽ de de aquello/ comian los indios/ aquellos Cories τ Hutias/ de q̃ a tras se hizo mencion/ τ las Hutias son quasi como ratones/ o tienen conellos algun deudo/ o proximidad: τ los Cories/ son como conejos/ o gaçapos chicos/ τ no hazen mal/ τ son muy lindos: τ ay los blancos del todo/ τ algunos blancos y bermejos/ τ de otras colores. Comian assi mismo vna manera de Sierpes/ que enla vista son muy fieras y espãtables: pero no hazen mal/ ni esta auçriguado si son animal o pescado: porque ellas andan enel agua/ y enlos aruoles/ τ por tierra/ τ tienen quatro pies/ τ son mayores que Conejos/ τ tienen la cola como lagarto/ τ la piel toda pintada/ τ de aq̃lla manera de pellejo aunque diuerso τ apartado enla pintura: τ por el cerro o espinazo vnas espinas leuantadas/ τ agudos dientes τ colmillos/ τ vn papo muy largo τ ancho que le cuelga desde la barua al pecho/ dela misma tez o suerte dl otro cuero: τ callada que ni gime ni grita/ ni suena/ y estasse atada a vn pie de vn arca/ o donde quiera que la aten/ sin hazer mal algũo/ ni ruydo/ diez τ quinze y veynte dias sin comer ni beuer cosa alguna: pero tambien les dan de comer algũ poco de Laçabi/ o otra cosa semejante/ τ lo comen: y es de quatro pies/ τ tiene las manos largas τ complidos los dedos/ τ vñas largas como de aue/ pero flacas y no de presa/ y es muy mejor de comer que de ver: porque pocos hõbres aura que la osen comer si la veen biua (excepto aquellos que ya en aquella tierra son vsados a passar por esse temor/ τ otros mayores en efecto/ que aqueste no lo es/ sino enla aparencia) la carne della estã buena/ o mejor que la del Conejo/ y es sana: pero no para los que han tenido el mal delas buas: porque aquellos que han seydo tocados desta enfermedad (avn q̃ aya mucho tpõ q̃ estan sanos) les haze daño/ τ se q̃rã deste pasto. los que lo han prouado segũ a muchos (q̃ en sus personas lo podian con verdad esperimentar) lo he yo muchas vezes oydo.

¶ Delos Cories τ Hunas.

¶ Delas y. v. anas.

¶ Delas aues dela ysla española. Ca. vij.

De las aues dela ysla española. Fo.viij.

Elas aues q̃ enesta ysla ay no he hablado/po digo q̃ he andado mas d'ochēta leguas por tierra/q̃ ay desde la villa dela yaguana ala cibdad de scō domingo/y he hecho este camīo mas d' vna vez/y en nigūa pte vi menos aues q̃ en aq̃lla ysla: po por q̃ todas las q̃ en ella vi las ay en tierra firme/yo dire en su lugar adelāte mas largamēte lo q̃ eneste articulo o pte se d'ue espacificar. solamēte digo/q̃ gallinas d'las d' españa ay muchas τ muy buenos capones. E tā poco enlo q̃ toca alas frutas naturales dela tierra τ a otras plātas τ yeruas/τ alos pescados de mar τ d' agua dulce/no curare de poner lo aq̃ enesta relaciō d'la Española/por q̃ todo lo ay enla tierra firme/mas copiosamēte τ otras muchas mas cosas q̃ adelante en su lugar se dirā.

¶ Dela ysla de cuba τ otras. Cap.viij.

Ela ysla de cuba y de otras q̃ son san ¶ Ay en esta ysla/todas las cosas q̃ enla Española.
Juā τ jamayca/todas estas cosas q̃ se hā dicho d'la gēte y otras particularidades d'la ysla española/se puedē dezir avn q̃ no tā copiosamēte/porq̃ son menores/po en todas ellas ay lo mismo assi en mīneros de oro y cobre/τ ganados y aruoles τ plātas y pescados/τ todo lo q̃ es dicho: po tā poco en ningūa de estotras yslas auia animal d' quatro pies como enla española/hasta q̃ los xp̃ianos los lleuarō a ellas/τ al presente en cada vna ay mucha cātidad/τ assi mismo mucho açucar τ caña fistola/τ todo lo de mas q̃ es dicho: pero ay enla dicha ysla de cuba vna manera de perdizes q̃ son pequeñas τ son quasi de especie de tortolas en ¶ Perdizes.
la pluma/pero muy mejores enel sabor/τ tomanse en grādissimo numero: τ traydas biuas a casa τ brauas/en tres o quatro dias/andā tan domesticas como si en casa nasciera/y engordan en mucha manera: τ sin duda es vn manjar muy delicado enel sabor/τ q̃ yo le tengo por mejor q̃ las pdizes de españa/por q̃ no son de tā rezia digistiō. pero dexado a parte todo lo q̃ es dicho dos cosas admirables ay enla dicha ysla de cuba q̃ a mi parecer jamas se oyerō ni escriuierō. La vna es q̃ ay vn valle q̃ tura ¶ Pelotas d' lō bardas naturalmēte nacidas.
dos o tres leguas entre dos sierras o mōtes el q̃l esta lleno de pelotas de lōbardas guijeñas/y de genero de piedra muy fuerte τ redōdissimas en tāta mācra q̃ cō nigū artificio se podria hazer mas yguales o redōdas/ cada vna enel ser q̃ tiene: τ ay d' ellas d'sde tā pequeñas como pelotas de escopeta τ de ay adelāte de mas/en mas grossor cresciēdo/ las ay tā gruessas como las quisieren para qualquier artilleria/avn que sea para tiros que las demanden/de vn quintal/y de dos/y mas cantidad/τ grosseza qual la quisieren. E hallan estas piedras en todo aquel valle como mīnero dellas/y cauando las sacan segun que las quierē o hā menester.

Dela ysla de Cuba y otras yslas.

Minero de betú como pez o brea.

La otra cosa es/que enla dicha ysla/z no muy desuiado dela mar sale de vna montaña vn licor/o betume/a manera de pez o brea/z muy suficiente/y tal qual conuiene para brear los nauios: dela qual materia entrada enla mar continuamente mucha copia della se andan sobre el agua/ grandes balsas/o manchas/o cantidades/encima delas ondas de vnas partes a otras/segun las mueuen los vientos/o como se mencan z corrē las aguas dela mar en aquella costa/donde este betum o materia que es dicha anda.

Quinto curcio. lib. v.

Quinto curcio en su quinto libro dize/que Alexandre allego ala cibdad de Memi donde ay vna gran cauerna/o cueua/enla qual esta vna fuente que mirabilmente desparze gran copia de betum: de manera que facil cosa es creer q̃ los muros de Babilonia pudiessen ser murados de betum:segun el dicho autor dize.zc. No es solamēte enla dicha ysla de Cuba visto este minero de Betú: porque otro tal ay enla nueua España/que ha muy poco que se hallo/enla prouincia que llaman Panuco: el qual betum es muy mejor que el de Cuba/como se ha visto por esperiencia breando algunos nauios. Pero dexado aquesto a parte/z siguiendo el fin que me mouio a escreuir este repertorio por reduzir ala memoria algunas cosas notables de aquellas partes/y representarlas a.V.M. avn que no se me acordasse dellas por la orden/y tan copiosamente como las tengo escriptas: antes que passe a hablar en tierra firme/quiero dezir aqui vna manera de pescar que los indios de Cuba z Jamayca vsan enla mar: z otra manera de caça y pesqueria/que tābien en estas dos yslas los dichos indios dellas hazen/ quando caçan y pescan las Ansares brauas: y es desta manera.

La manera de como los indios e pescan con el pexe reuerso q̃ es muy pequeño: z toman conel otros pescados muy grādes.

Ay vnos pescados tan grādes como vn palmo/o algo mas/que se llama pexe reuerso/feo al parescer/pero de grandissimo animo y entendimiento: el qual acaesce que algunas vezes entre otros pescados los tomā en redes. (delos quales yo he comido muchos) E los indios quando quieren guardar z criar alguno destos/tienenlo en agua dela mar/z alli danle a comer/z quādo quieren pescar conel/lleuanle ala mar en su Canoa o barca/z tienenlo alli en agua/y atanle vna cuerda delgada pero rezia: z quādo veen algun pescado grande/assi como Tortuga/o Saualo/que los ay grandes en aq̃llas mares/o otro qualquier q̃ sea/que acaesce andar sobre aguados/o de manera que se puede ver: el indio toma enla mano este pescado reuerso/z halagalo con la otra/diziendole en su lengua/que sea animoso z de buen coraçon z diligente: z otras palabras exortatorias a essfuerço/ z q̃ mire que sea osado/z afierre conel pescado mayor z mejor que alli viere: z quando le paresce le suelta z lança bazia dōde los pescados andā/ y el dicho Reuerso/va como vna saeta/z afierra por vn costado con vna tortuga/o enel vientre/o donde puede y pegasse conella/o cō otro pesca-

ysla de cuba. Fo.ix.

do grande/o conel q̃ quiere. El q̃l como siẽte estar asido de aq̃l pequeño pescado/huye por la mar/a vna parte y a otra: y en tãto el indio no haze sino dar τ alargar la cuerda de todo púto: la q̃l es de muchas braças/y enel fin della/va atado vn corcho/o vn palo/o cosa ligera por señal/y q̃ este sobre el agua: y en poco processo de tpõ/el pescado/o tortuga grãde/cõ quiẽ el dicho reuerso se aferro/casãdo viene hazia la costa de tierra: y el indio comiẽça a cojer su cordel en su canoa o barca/τ quãdo tiene pocas braças por cojer comiẽça a tirar cõ tiẽto poco a poco/τ tirar guiãdo el reuerso y el pescado cõ quiẽ esta asido/hasta q̃ se lleguẽ ala tierra: τ como esta a medio estado/o vno/las ondas mismas dela mar lo echã para fuera/y el indio assi mismo le aferra τ saca hasta lo poner en seco: τ quã do ya esta fuera d'l agua el pescado p̃so: cõ mucho tiẽto poco a poco/τ dã do por muchas palabras las grãs al reuerso/delo q̃ ha hecho τ trabaja do/lo despega del otro pescado grãde q̃ assi tomo: τ viene tã apretado τ fi xo cõel/q̃ si cõ fuerça lo despegasse/lo rõperia o despedaceria el dicho re uerso. Y es vna tortuga destas tã grãde d'las q̃ assi se toma q̃ dos idios τ avn seys/tienẽ harto q̃ hazer enla lleuar acuestas hasta el pueblo: o otro pescado q̃ tamaño/o mayor sea: delos q̃les el dicho reuerso es verdugo/o burõ pa los tomar por la forma q̃ es dicha. Este pescado reuerso tiene vnas escamas hechas a manera d'gradas/o como es el paladar o mẽdi bula alta/por d'dẽtro dela boca del hõbre/o d'vn cauallo/τ por alli vnas espinicas delgadissimas τ aspas y rezias/cõ q̃ se afierra cõ los pescados q̃ el q̃re: y estas escamas d'espinicas tiene enla mayor pte d'l cuerpo por defuera. Passando alo seguido q̃ de suso se toco enel tomar d'las ansares brauas. Sabra. U. S. q̃ al tpõ d'l passo d'estas aues: passan por aq̃llas yslas muy grãdes vãdas d'ellas/τ sõ muy hermosas/porq̃ son todas negras y los pechos y el viẽtre blãco/y al rededor d'los ojos vnas berrugas redõdas muy coloradas/q̃ parecẽ muy vdaderos τ finos corales/las q̃les se jũtã enel lagrimal: τ assi mismo enl cabo d'l ojo hazia el cuello/τ d'alli desciẽdẽ por medio d'l pescueço por vna linea/o en d'recho vnas de otras estas berrugas hasta en nũero d'seys o siete d'las/o pocas mas. Estas ãsares en mucha cãtidad se assiẽtã a par de vnas grãdes lagunas q̃ en aq̃ llas yslas ay: τ los idios q̃ por alli cerca biuẽ echã alli vnas grãdes cala baças vazias y redõdas q̃ se andã por encima d'l agua/y el viẽto las lle ua d'vnas ptes a otras τ las trae hasta las orillas: τ las ansares al prĩci pio se escãdalizã y leuãtã y se aptã d'alli mirãdo las calabaças: po como vẽ q̃ no les hazẽ mal/poco a poco pierdeles el miedo/τ d'dia en dia dome sticãdose cõ las calabaças/descuydãse tãto/q̃ se atreuẽ a subir muchas d'las dichas ansares encima d'llas: τ assi se andã a vna pte y a otra segũ el ayre las mueue: d'forma q̃ q̃ndo ya el idio conoçe q̃ las dichas ãsares estã

⁋ La manera d' como los indios toman y pescan y caçan las ansares brauas.

Tierra firme.

muy aſſeguradas τ domeſticas ōla viſta τ mouimiento τ vſo delas cala
baças:poneſe vna dellas enla cabeça haſta los hōbros/τ todo lo de mas
va debaxo del agua/τ por vn agujero pequeño mira adonde eſtã las an
ſares/τ poneſe junto a ellas/τ luego alguna ſalta encima/τ como el lo ſiē
te apartaſe muy paſſo ſi quiere nadãdo ſin ſer entēdido ni ſentido ō la q̃
lleua ſobre ſi/ni de otra:porq̃ ha de creer. ❡.❧. q̃ eneſte caſo del nadar
tienē la mayor abilidad los idios q̃ ſe puede pēſar:τ quãdo eſta algo deſ
uiado delas otras ansares/y le pareçe q̃ es tpo/ſaca la mano y aſela por
las piernas τ metela debaxo del agua τ ahogala y poneſela enla cinta:
τ torna dela miſma manera a tomar otra τ otras/y deſta forma τ arte to
mã los dichos indios mucha cãtidad dellas. Tābiē ſin ſe deſuiar de alli
aſſi como ſele aſſiēta encima/la toma como es dicho/τ la mete ōbaxo del
agua/y ſela pone enla cinta/τ las otras no ſe van ni eſpantã/porq̃ piēſan
q̃ aq̃llas tales/ellas miſmas ſe ayan çabullido por tomar algũ peſcado.
E aqueſto baſte quanto alo que toca alas yſlas/pues que enel tracto/y
riquezas dellas/no aqui/ſino enla hyſtoria que eſcriuo general dellas/
ninguna coſa eſta por eſcreuir/de lo que baſta oy ſe ſabe. E paſſemos a
lo que de tierra firme puede colegir/o acordarſe mi memoria: pero pri
mero me ocurre vna plaga que ay enla Eſpañola y eſtotras yſlas que
eſtan pobladas de chriſtianos: la q̃l ya no eſtã ordinaria/ como fue en
los principios q̃ aq̃llas yſlas ſe cõquiſtaron/y es/q̃ alos hōbres ſe les ha

❡Delas niguas
que ſe hazen en
los pies que ſon
menores q̃ pul=
gas chiquitas.

ze enlos pies/entre cuero y carne por induſtria de vna pulga/o coſa mu
cho menor q̃ la mas pequeña pulga q̃ alli ſe entra/vna bolſilla tã grãde
como vn garuaço/τ ſe hinche de liēdres/ q̃ es la lauor q̃ aq̃lla coſa haze/
τ quando no ſe ſaca cõ tiempo/labra de manera τ augmentaſe aq̃lla ge
neracion de Niguas:(porque aſſi ſe llama nigua/eſte animalico) de for
ma que ſe pierden los hombres de tollidos/τ quedan mãcos delos pies
para ſiempre/ que no es prouecho dellos.

❡Delas coſas dela tierra firme. Ca.ix.

Los indios de tierra firme quanto a
la diſpoſiciõ delas perſonas ſon mayores algo τ mas hōbres/
y mejor hechos que los delas yſlas. En algunas partes ſon be
licoſos/y en otras no tanto. Pelean con diuerſas armas y maneras ſe
gun en aq̃llas puincias o partes dõde las uſan. Quãto alo q̃ toca a ſus
caſamientos/es dela manera que ſe dixo que ſe caſan enlas yſlas: porq̃
en tierra firme/tan poco ſe caſan con ſus hijas ni hermanas/ni cõ ſu ma
dre. y no quiero aqui dezir ni hablar enla nueua eſpaña/ pueſto que es
parte deſta tierra firme:porque aquello Hernãdo cortes lo ha eſcripto

Tierra firme. Fo.x.

segun a el le ha parescido y hecho relacion por sus cartas: τ mas copio
samente yo lo tengo assi mismo acomulado en mis memoriales/por in=
formaciõ de muchos testigos de vista/como hombre que he desseado in
querir τ saber lo cierto/desde q̃ el capitan q̃ primero embio el adelanta
do Diego velazquez desde Cuba llamado Frãcisco hernãdez de Cordo
ua descubrio/o mejor diziẽdo toco primero en aq̃lla tierra:((por q̃ desco
bridor hablãdo verdad ninguno se puede dezir sino el almirante prime
ro delas indias don Christoual colom(padre del almirante don Diego
colom q̃ oy es)por cuyo auiso y causa/los otros hã ydo/o nauegado por
aq̃llas partes))E tras el dicho capitã Frãcisco hernãdez/embio el dicho
adelãtado/al capitã Juã de grijalua/q̃ vido mas de aq̃lla tierra τ costa/
del qual fuerõ aq̃llas muestras q̃ a. V. M. embio a Barcelona el año de
mil τ quinientos τ diez y nueue años el dicho adelantado Diego velaz=
ques: y el tercero q̃ por mãdado d'l dicho adelãtado a aq̃lla tierra passo
fue el dicho capitan Hernãdo cortes. Esto todo τ lo de mas se hallara co
piosamente en mi tratado/o general hystoria de indias/quãdo. V. M.
fuere seruido q̃ salga a luz. Assi que dexada la nueua españa a parte/di=
re aqui algo de lo q̃ en esotras prouincias/o alomenos en aq̃llas d'la go
uernaciõ de castilla d'l oro/se ha visto: τ por aq̃llas costas d'la mar d'l nor
te/τ algo dela mar del sur. Pero por q̃ no es cosa para dexarse de notar
vna singular τ admirable cosa q̃ yo he colegido dela mar oceana: τ de q̃
hasta oy nigũ cosmographo/ni piloto/ni marinero/ni algũ natural me
ha satisfecho. Digo assi/q̃ como a. V. M. es notorio/y a todos los q̃ hã no
ticia delas cosas dela mar/τ hã biẽ cõsiderado alguna parte de sus opa
ciones. Aq̃ste grãde mar oceano/echa de si por la boca del estrecho de gi
braltar el Mediterraneo mar: en el q̃l las aguas desde la boca del dicho
estrecho hasta el fin del dicho mar del leuãte: en ningũa costa ni parte de
ste mar mediterraneo/la mar mẽgua ni creçe/para se guardar mareas/
o grãdes mẽguãtes/o creçiẽtes/sino en muy poquito espacio. Y desde el
dicho estrecho/pa fuera el dicho mar oceano creçe y mengua/en mucha
manera y espacio de tierra d' seys en seys oras/la costa toda de España
y Bretaña/y Flãdes/y Alemania/τ costas d' Inglaterra. Y el mismo mar
oceano en la tierra firme/a la costa q̃ mira al norte/en mas de tres mil le
guas/ni creçe ni mẽgua: ni en las yslas Española τ Cuba/y todas las o
tras q̃ en el dicho mar τ parte q̃ mira al norte/estã opuestas/sino d'la ma
nera q̃ lo haze en Italia el dicho mediterraneo/q̃ es casi ninguna cosa a
respeto de lo q̃ el dicho mismo mar haze en las dichas costas de España
τ Flãdes. E no obstãte esto/el mismo mar oceano en la costa d'l medio dia
o austral dela dicha tierra firme/en Panama/y en la costa della/o pue
sta a la parte de leuãte y de poniẽte desta cibdad/y dela ysla d'las plas(q̃

B ij

El capitã Frã=
cisco hernãdez
d' Cordoua por
mãdado del A=
delantado Die
go Velazq̃s fue
el primero q̃ fue
a la nueua espa
ña: τ la hallo.

Hernãdo cor
tes fue el terce=
ro capitan q̃ em
bio Diego Ve=
lazques a la nue
ua españa.

Del creçer y
mẽguar d'l mar
oceano: y d'l me
diterraneo.

Nota.

Tierra firme.

los indios llamã Terarequi)y enla de Taboga/y enla de Otoq̃/τ todas las otras dela dicha mar del sur/creçe y mengua tãto/q̃ quãdo se retrae/ quasi se pierde de vista:lo qual yo he visto muchos millares d' vezes. Note. V. M. otra cosa q̃ desde la mar del norte hasta la mar del sur/q̃ tan diferente es la vna dela otra como es dicho enestas mareas o crescer y mẽguar/no ay de costa a costa por tierra/mas de.xviij. o veynte leguas de trauies. Assi q̃ pues todo es vn mismo mar/cosa es para cõtẽplar y especular/los q̃ a esto tuuieren inclinaciõ/y dessearẽ saber este secreto:q̃ yo pues personas de abundantes letras/no me hã satiffecho ni sabido dar a entender la causa:bastame saber y creer q̃ el que lo haze/sabe esso y otras cosas muchas q̃ no se conceden al entendimiẽto delos mortales:en especial a tan baxo ingenio como el mio. Los q̃ le tienẽ mejor piẽsen por mi τ por ellos lo q̃ puede ser el verdadero entẽdimiẽto/q̃ yo en terminos verdaderos y como testigo de vista he puesto aqui la quistion: y entre tãto q̃ se absuelue/tornãdo al proposito digo/q̃ el rio q̃ los christianos lla-

¶Del rio d' sant Juan. man sant Juã en tierra firme entra enel golpho de Vraba/dõde llamã la Culata/por siete bocas/τ quando la mar se retrae/aq̃llo poco q̃ he dicho q̃ enesta costa del norte mẽgua:por causa del dicho rio/todo el dicho golpho de Vraba/q̃ es doze leguas y mas de luẽgo/τ seys τ siete τ ocho de ancho se torna dulce toda aq̃lla mar: y esta todo lo q̃ es dicho d' agua para se poder beuer.(yo lo he prouado/estando surgido en vna naue en siete braças de agua/y mas de vna legua apartado dela costa) Assi q̃ se puede bien creer q̃ la grãdeza del dicho rio/es muy grãde. Pero este ni otro delos que yo he visto ni oydo ni leydo hasta agora/no se yguala cõ

¶Del rio mara ñon. el rio marañon/q̃ es ala parte del leuãte/enla misma costa/el qual tiene enla boca quãdo entra enla mar quarẽta leguas/τ mas de otras tãtas dentro enella se coje agua dulce del dicho rio. Esto oy yo muchas vezes dezir al piloto Vicente yañez pinçon/q̃ fue el primero delos christianos q̃ vido este rio Marañon/y entro por el con vna Carauela mas de veynte leguas/τ hallo enel muchas yslas τ gentes/y por lleuar poca gẽte/ no oso saltar en tierra/τ se torno a salir del dicho rio/τ bien quarẽta leguas dentro en mar/cogio agua dulce del dicho rio: otros nauios le hã visto/ pero el q̃ mas supo del/es el que he dicho. Toda aq̃lla costa es tierra de

¶Del golpho d' vraba. mucho brasil/τ la gẽte frecheros. Tornãdo al golpho de Vraba/desde el al poniente/τ ala parte del leuante/es la costa alta/pero de diferentes

¶Con que pelean los indios. lenguas y armas. Al poniente por esta costa los indios pelean cõ varas τ Macanas/las varas son arrojadizas/algũas de palmas/τ otras maderas rezias y agudas las puntas/y estas tiran a pura fuerça de braço: otras ay de Carrizos/o Cañas derechas τ ligeras/alas quales ponen en las pũtas vn pedernal/o vna pũta de otro palo rezio inxerido/y estas

Tierra firme. Fo.xj.

tales tiran con amientos q̃ los indios llaman Estorica. La Macana es vn palo algo mas estrecho que quatro dedos τ gruesso τ cõ dos bilos/τ alto como vn hombre o poco mas/o menos segun a cada vno plaze/o a la medida de su fuerça/τ son de palma/o de otras maderas que ay fuertes:τ con estas Macanas pelean a dos manos τ dan grãdes golpes τ beridas a manera de palo machucado/τ son tales/q̃ avn que dẽ sobre vn yelmo/haran desatinar a qualq̃era hombre rezio. Estas gentes q̃ aq̃stas armas vsan la mas parte dellas/avn q̃ son belicosas no lo son cõ mucha parte/ni proporciõ segun los indios q̃ vsan el arco τ las frechas. τ estos que son frecheros biuen dsde el dicho golpho d vraba/o punta q̃ llamã de Caribana/a la parte del leuante/τ es tambien costa alta τ comẽ carne humana τ son abominables sodomitas τ crueles /τ tirã sus frechas empõçoñadas de tal yerua/q̃ por marauilla escapa hombre delos q̃ bieren/antes muerẽ rauiãdo comiẽdosse a pedaços τ mordiendo la tierra Desde esta Caribana todo lo q̃ costea la prouincia del Cenu/τ de Cartajena/τ los Coronados/τ scã Martha/τ la sierra neuada/τ hasta el golpho d Cumana/τ la boca dl drago/τ todas las yslas q̃ cerca desta costa estan/en mas espacio/de seys cientas leguas/todas o la mayor parte de los indios/son frecheros τ cõ yerua:τ hasta agora el remedio cõtra esta yerua no se sabe/avn q̃ muchos xp̃ianos han muerto cõ ella:pero porq̃ dixe Coronados/es bien que se diga porq̃ se llaman Coronados. y es porq̃ de hecho en cierta parte dela dicha costa todos los indios andan tresquilados/y el cabello tan alto como le suelen tener/los q̃ ha tres meses que se raparõ la cabeça/y enel medio delo q̃ asi esta crescido el cabello/vna gran corona como frayle de sant Agostin que estouiesse tresquilado/muy redonda. Todos estos indios coronados son rezia gẽte τ frecheros τ tienẽ hasta treynta leguas de costa/desde la pũta dela Canoa arriba hasta el rio grãde q̃ llaman Guadalquiuir cerca de santa Martha:enel qual rio atrauesando yo por aquella costa/cogi vna pipa de agua dulce enel mismo rio /despues que estaua el rio entrado en la mar/mas de seys leguas. La yerua de que aquestos indios vsan la hazen segũ algũos indios me hã dicho/d vnas mãçanillas olorosas/τ d ciertas hormigas grãdes/de q̃ adelante se hara mencion/τ de biuoras τ alacranes τ otras põçoñas/que ellos mezclan:τ la hazen negra/que paresce cera pez muy negra. Dela qual yerua yo hize q̃ mar en sãta Martha en vn lugar dos leguas/o mas la tierra a dẽtro cõ muchas sactas de municion/gran cantidad el año de Mil τ quinientos τ catorze/cõ toda la casa/o buhio/en q̃ estaua la dicha municiõ/al tiẽpo q̃ alli toco la armada q̃ cõ Pedrarias de Auila embio a la dicha tierra firme el catholico rey don Fernando q̃ en gloria esta. Pero porq̃ a tras se dixo que en la ma-

B iij

※ Indios Frecheros.

※ Comen los indios carne humana: τ son sodomitas: τ tirã sus frechas con yerua.

※ Delos indios coronados.

※ Del rio grande que tambien se llama guadalquiuir.

※ De que se haze la yerua con que tiran sus frechas los idios.

※ Casa de municion de saetas τ de yerua para ellas en Santa Martha.

Tierra firme.

nera del comer τ bastimentos/ quasi los Indios de las yslas y de tierra firme se sustentauan de vna manera. Digo/ que quanto al pan/ assi es la verdad/τ quanto ala mayor parte delas frutas y pescados: pero comūmente en tierra firme ay mas frutas/y creo que mas diferencias de pescados/τ ay muchos τ muy estraños animales y aues: pero antes que a essas particularidades se proceda/me paresce que sera bien dezir alguna cosa delas poblaciones/ y moradas/ y casas: τ cirimonias τ costumbres delos indios: y de ay yre discurriēdo por las otras cosas que se me acordaren de aquella gente y tierras.

¶ De los indios de tierra firme y de sus costumbres/ τ ritos/τ Cirimonias. Capitulo. x.

Stos Indios de tierra firme: son dela misma estatura τ color que los delas yslas/ τ si alguna diferencia ay/ es antes declinando a mayores/ que no a menores/ en especial los que atras dixe que eran coronados/que son rezios y grandes sin dubda/mas que los otros todos que por aquellas partes he visto/excepto los delas yslas delos Gigantes/ que estan puestos ala parte del medio dia dela ysla Española/cerca dela costa de tierra firme. E assi mismo otros que llaman los yucayos que estan puestos ala vanda del Norte/τ los vnos y los otros destas dos partes señaladamente/ avn que no son Gigantes/ sin dubda son la mayor gente de los indios que hasta agora se sabe/τ son mayores que los Alemanes comunmente: y en especial muchos dellos assi hombres como mugeres son muy altos: y ellos y ellas frecheros/ pero no tiran con yerua. ¶ En tierra firme el principal señor se llama en algunas partes Quevi: y en otras Cacique: y en otras Tiba: y en otras Guaxiro: y en otras de otra manera/ porque ay muy diuersas/ y apartadas lenguas entre aquellas gentes. Pero en vna gran prouincia de Castilla del oro que se llama Cueua: hablan τ tienen mejor lengua mucho que en otras partes: y en aquella es donde los Christianos estan mas enseñoreados: τ toda la dicha lengua de Cueua/o la mayor parte/la tienen sojuzgada. Enla qual prouincia llamā al q̄ es hombre principal q̄ tiene vassallos/y es inferior dl Caciq̄: Saco: y aq̄ste saco tiene otros muchos indios a el subjetos/q̄ tienē tierra y lugares/q̄ se llamā Cabra: q̄ son como caualleros/ o hōbres hijos dalgo separados dela gente comun/τ mas principales que los otros del vulgo/τ mandan alos otros: pero el Cacique y el Saco y el Ca

¶ Los nōbres delos señores τ indios principales.
¶ Prouicia de cueua.

Tierra firme. Fo.xij.

bza/tienen sus nombzes propzios/z assi mismo las prouincias z rios y valles/o assientos do biuen/tienen sus nombzes particulares. Pero la manera de como vn indio que es dela gente comun sube a ser cabza/z alcança este nombze/o hidalguia/es que quando quier que en alguna batalla de vn cacique/o señoz contra otro/se señala algun indio z sale herido/luego el señoz principal/le llama cabza/z le da gente que mande/ z le da tierra/o muger/o le haze otra merced señalada/poz lo que obzo aquel dia/z dende en adelante es mas hōrrado que los otros z es separado z apartado del vulgo z gente comun:z sus hijos deste/varones/suceden enla hidalguia y se llaman cabzas z son obligados a vsar la milicia z arte dela guerra:z a la muger del tal de mas su nombze propzio la llaman Espaue/que quiere dezir señoza:z assi mismo a las mugeres de los Caciques z principales/las llaman Espaues. Estos indios tienen sus assientos/algunos cerca dela mar/z otros cerca de rio/o quebzada de agua donde aya arroyos z pesquerias/poz que comunmente su principal mantenimiento z mas ordinario es el pescado/asi poz que son muy inclinados a ello/como poz que mas facilmente lo pueden auer en abūdancia/mejoz q̄ las saluaginas de puercos z cieruos que tambien matan y comen. La forma de como pescan es con redes/poz que las tienen z saben hazer muy buenas de algodon/delo qual natura los proueyo largamente/z ay muchos bosques z montes llenos: pero lo que ellos quieren hazer mas blanco z mejoz curanlo z plantanlo en sus assientos z junto a sus casas/o lugares donde biuen. E los venados z puercos armanlos cō cepos z otros armadijos de redes donde caen/z a vezes montean z ozeanlos z con cantidad de gente los atajan/z reduzen a lugar que los pueden con saetas z varas arrojadas matar:z despues de muertos/como no tienen cuchillos para los desollar quartcanlos z hazenlos partes con piedras z pedernales z assanlos sobre vnos palos que ponē a manera de parrillas o treuedes en hueco que ellos llamā barbacoas z la lumbze debaxo/z de aquesta misma manera assan el pescado:poz q̄ como la tierra esta en clima q̄ naturalmente es calurosa/avn q̄ es templada poz la prouidēcia diuina/pzesto se daña el pescado/o la carne que no se assa el dia que muere. Dixe que es la tierra naturalmente calurosa z poz la prouidencia de dios templada. Es de aquesta manera. No sin causa los antiguos touieron que la tozrida zona poz donde passa la linea equinocial era inhabitable poz tener el sol mas dominio alli que en otra parte dela espera/z estar justamente entre amos tropicos/de cācer/z capzicozno/z assi/poz vista de ojos se vee/que la superficie dela tierra hasta vn estado de vn hōbze esta templada/z en aquella cātidad los

B iiij

⁋La manera d̄ como el indio q̄ es de gēte comū sube a ser hidalgo o pzincipal.

⁋En que partes z assientos pueblan los indios.

⁋Con que pescan los indios.
⁋Algodon.

⁋Como tomā los Puercos y venados.

⁋Nota esta falsa opinion d̄los ātiguos: z la forma y costellaciō de aq̄sta tierra: y de la linea Equinocial: z q̄ es la causa poz q̄ los arnoles no ponē hondamē te sus rayzes en aquesta tierra.

Tierra firme.

aruoles τ plãtas prẽdẽ/ τ de allí adelãte no passan sus rayzes: antes en
aql espacio se tiẽdẽ τ encepã τ desparzen τ hazẽ tamaña/ o mayor ocupa
cion con las rayzes/ delo que de suso ocupan con las ramas/ τ no entrã
a lo hondo ni mas adelante las dichas rayzes: porque de aquella can
tidad/ o espacio para abaxo/ esta la tierra calidissima: y esta superficie
esta templada τ humida mucho: assi por las muchas aguas que en aq
lla tierra/ caen del cielo (en sus tiempos ordenados/ y entre el año) co
mo por la mucha cantidad de rios grandissimos/ y arroyos/ y fuen
tes/τ paludes/ de que proueyo aquella tierra/ aquel soberano Señor
que la formo: τ con muchas Sierras y Montañas altas/ τ muy lin
dos/ y templados ayres/ y suaues Serenos las noches: delas quales
particularidades ygnorantes del todo los Antiguos dezian ser inha
bitable naturalmente la dicha torrida Zona y Equinocial linea. To
do esto depongo y afirmo como testigo de vista: y se me puede mejor cre
er que a los que por conjecturas sin lo ver/ tenian contraria opinion.

¶ En que altura y gr. los esta el golpho d'vraba. Esta la costa del Norte enel dicho Golpho de Uraba/ y enel puerto del
Darien/ adonde desde España van los Nauios en siete grados y medio: y en siete τ avn en menos/ τ desde seys y medio hasta ocho: sino fues
se alguna punta que entrasse enla mar hazia Septentrion: τ destas ay
pocas. E lo que desta tierra y nueua parte del mundo esta puesto mas
al Oriente es el cabo de santo Agostin/ el qual esta en ocho grados.
Assi que el dicho Golpho de Uraba esta apartado dela dicha linea Equinocial desde ciento y veynte/ hasta ciento y treynta leguas/ y tres
quartos de legua/ a razon de diez y siete leguas y media/ que se cuentan
por grado de polo a polo: τ assi poco mas o menos/ toda la costa. Dela
qual causa enla Cibdad de Santa Maria del antigua del Darien/ y
en todo aquel paraje del sobredicho Golpho de Uraba/ todo el tiem
po del mundo son los dias y las noches quasi del todo yguales: y aque
sta differencia/ o poco que queda hasta la Equinocial/ es tan poco espa
cio/ en veynte τ quatro oras que es vn dia natural/ que no se conosce/ ni
lo pueden alcançar sino los especulatiuos/ y personas que entienden el
Esphera. Y esta alli el Norte muy baxo/ τ quando las guardas estan
enel pie/ no se pueden ver/ porque estan debaxo del Orizonte: pero por
que aquesto no es para mas de dezir el sitio dela tierra/ vamos a las otras particularidades de mi intencion y desseo con que esta relacion se
començo. Dixe desuso que en sus tiempos ordenados en aquella tierra
llouia/ τ assi es la verdad/ porque ay Inuierno y Verano/ al contrario
que en España/ porque aqui es delo mas rezio del inuierno Diziembre
y Enero/ assi en yelos como en lluuias/ y el verano es (o el tiẽpo de mas

¶ Del cabo de santo Agostin.

¶ Los dias y las noches quasi yguales en to
do el año τ tiem
po del mundo.

¶ No se veẽ las guardas dl nor
te estando enel pie.

¶ El inuierno y el verano son al cõtrario que en españa.

Tierra firme. Fo.xiij.

calor)por sant Juan y el mes de Julio: assi al oposito en Castilla del oro/ es el verano τ tiempo mas enxuto τ sin aguas por Nauidad τ vn mes antes τ otro despues: el tiempo que alla cargan las aguas/es por sant Juã τ vn mes antes τ otro despues τ aquello se llama alla ynuierno/no porque entonces aya mas frio/ni por Nauidad mas calor/(pues en esta parte siempre es el tiempo de vna manera) pero porque en aquella sazon delas aguas no se vee el sol assi ordinariamẽte/ τ paresce que aquel tiempo delas aguas encoje la gente τ les pone frio sin que le aya. ⸿Los Caciques y señores que son desta gente/tienen y toman quantas mugeres quieren/τ si las pueden auer que les contenten τ bien dispuestas seyendo mugeres de linaje/hijas de hombres principales de su nacion τ lengua/porque de estraños no las toman/ni quieren/aquellas escojen τ tienen: pero quando delas tales no ay/toman las que mejor les parescen y el primero hijo que han/seyendo varon/aquel succede en el estado/τ faltandole hijos/eredan las hijas mayores: y aquellas casan ellos con sus principales vassallos. Pero si del hijo mayor quedaron hijas τ no hijos/no eredan aquellas sino los hijos varones dela segunda hija/porque aquella ya sabẽ q̃ es forçosamente de su generaciõ. Assi que el hijo de mi hermana/indubitadamente es mi sobrino/y el hijo o hija de mi hermano/puedese poner en dubda. Las otras gẽtes tomã sendas mugeres no mas: y aq̃llas algunas vezes las dexan τ toman otras pero acaesce pocas vezes. Ni tãpoco para esto es menester mucha ocasion/sino la voluntad del vno/o de entramos en especial quando no paren: τ comunmẽte son buenas de su persona/pero tambien ay muchas que de grado se conceden a quien las quieren/en especial las q̃ son principales/las q̃les ellas mismas dizen que las mugeres nobles τ señoras/no han de negar ninguna cosa que se les pida/sino las villanas. Pero assi mismo tienẽ respeto las tales a no se mezclar cõ gẽte comũ: excepto si es xp̃iano/porq̃ como los conoscẽ por muy hõbres/a todos los tienen por nobles comunmẽte: avn q̃ no dexã de conocer la diferencia y vẽtaja que ay entre los christianos de vnos a otros/en especial alos gouernadores y personas q̃ ellas veen q̃ mandan alos otros hõbres/mucho los acatan/τ por hõrradas se tienẽ mucho quando alguno delos tales las quiere biẽ/τ muchas dllas despues q̃ conoscẽ algũ christiano carnalinẽte le guardã lealtad/sino esta mucho tiẽpo apartado/o ausente/porque ellas no tienen fin a ser biudas ni religiosas que guarden castidad. Tienen muchas dellas por costumbre que quãdo se empreñan toman vna yerua con que luego mueuen τ lançan la preñez/porque dizen que las viejas han de parir/que ellas no quieren estar ocupadas para de=

B v

⸿Quãtas mugeres tienen los indios: τ cõ quiẽ se casan.

⸿Nota que ani so en la succession delos estados d̃ los indios.

Nota.

⸿De la continẽcia de las mugeres.

⸿Toman las indias vna yerua con que mueuẽ por estar de socupadas para su libidine.

Tierra firme.

Como se limpian de la purgación quando paren las indias.

Son mugeres muy estrechas.

Cubren sus vergüenças en algunas partes, o provincias.

xar sus plazeres: ni empreñarse paraque pariendo se les afloxen las tetas: de las quales mucho se precian, y las tienen muy buenas: pero quãdo paren, se van al rio y se lauan, y la sangre y purgacion luego les cessa, y pocos dias dexan de hazer exercicio por causa de auer parido: antes se cierran de manera que segun dizen los que a ellas se dan, son tan estrechas mugeres, que con pena de los Uarones consuman sus apetites: y las que no an parido estan que parescen quasi virgines. En algunas partes ellas traen vnas mantillas desde la cinta hasta la rodilla, rodeadas, que cubren sus partes menos onestas: y todo lo de mas, en cueros segun nascieron: y los hombres traen vn cañuto de oro, los principales: y los otros hombres sendos caracoles en que traen metido el miembro viril: y lo de mas descubierto, porque los testigos proximos a tal lugar, les paresce a los indios que son cosa de que no se deuen auergonçar. Y en muchas prouincias, ni ellos ni ellas traen cosa alguna en aquellos lugares, ni en parte otra, de toda la persona. Llaman a la muger, *yra*, en la prouincia de Cueua: y al hombre *Chuy*. Este vocablo yra dado alli a la muger, paresceme que no le es muy desconuiniente a la muger, ni fuera de proposito a muchas dellas aculla, ni algunas aca. Las diferencias sobre que los indios riñen y vienen a batalla, son sobre qual terna mas tierra y señorio: y a los que pueden matar matan, y algunas vezes prenden y los hierran y se siruen dellos por esclauos: y cada señor tiene su hierro conoscido, y assi hierran a los dichos esclauos: y algunos señores sacan vn diente de los delanteros al que toman por esclauo, y aquello es su señal. Los Caribes flecheros que son los de Cartagena, y la mayor parte de aquella costa, comen carne humana, y no toman esclauos ni quieren a vida ninguno de sus contrarios, o estraños, y todos los que matan se los comen: y las mugeres que toman siruense dellas, y los hijos que paren (si por caso algun Caribe se echa con las tales) comenselos despues: y los mochachos que toman de los estraños, capanlos y engordanlos, y comenselos. Para pelear, o pararse gentiles hombres, pintanse con xagua, que es vn arbol de que adelante se dira, de que hazen vna tinta negra: y con Bixa que es vna cosa colorada, de que hazen pelotas como de Almagre: pero la Bixa, es de mas fina color: paranse muy feos y de diferentes pinturas, la cara y todas las partes que quieren de sus personas: y esta Bixa es muy mala de quitar hasta que passan muchos dias, y aprieta mucho las carnes, y hallanse bien conella, de mas de parescerles a los indios que es vna muy hermosa pintura. Para començar sus batallas, o para pelear, y para otras cosas muchas que los indios quieren hazer, tienen vnos hombres señalados

Llamase la muger. yra.

Porque causa son las diferencias de los indios: y como se toman vnos ha otros por Esclauos y los hierran.

Los Caribes no toman esclauos por comerselos, etc.

Como se pintã los indios para pelear: y cõ q̃/

Del adeuino o Tequina á los indios tienen el qual es el mach troque habla cõ el diablo. etc.

[26]

Tierra firme. Fo.xiiij.

y que ellos mucho acatan/y al que es destos tales/llamanle Tequina: no obstante que a qualquiera que es señalado en qualquiera arte/asi como en ser mejor montero/o pescador/o hazer mejor vna red/o vn arco/o otra cosa le llaman Tequina z quiere dezir Tequina/tanto como maestro. Asi que el que es maestro de sus responsiones z inteligencias con el diablo/llamãle Tequina/z este Tequina habla cõel diablo/z ha dl sus respuestas/z les dize lo q̃ han de hazer z lo que sera mañana/o desde a muchos dias. Porque como el diablo sea tan antiguo estrologo conosce el tiempo z mira a donde van las cosas encaminadas z las guia la natura/z asi por el efecto que naturalmente se espera les da noticia delo que sera adelante/z les da a entender que por su deydad/o que como señor de todos z moueدor de todo lo que es y sera/sabe las cosas por venir z que estan por passar:z que el atruena/z haze sol/z llueue/z guia los tiempos/z les quita/o les da los mantenimientos. Los quales dichos indios engañados por el de auer visto que en efecto les ha dicho muchas cosas que estauan por passar z salierõ ciertas/creenle en todo lo de mas/ z temenle z acatanle z hazenle sacrificios en muchas partes de sangre z vidas humanas/z en otras de sahumerios aromaticos z de buen olor: z de malos tambien:z quando dios dispone lo contrario delo que el diablo les a dicho z les miente/dales a entender/que el ha mudado la sentencia por algun enojo/o por otro achaque/o mentira qual a el parece/como q̃era q̃ es suficiẽtissimo maestro pa las ordenar z engañar las gẽtes: en especial a los q̃ tã pobres de ofensas está con tan grande aduersario. Claramẽte dizen q̃ el Tuyra los habla/porq̃ assi llaman al demonio:z a los xp̃ianos en algũas partes assi mismo los llamã Tuyras/creyendo q̃ por aq̃l nõbre los hõrran mas z loan mucho/y enla verdad buẽ nõbre/o mejor diziendo cõuiniente/dan a algunos z bien les esta tal apellido/porque han passado a aquellas partes personas q̃ pospuestas sus consciẽcias y el temor dela justicia diuina z humana/han hecho cosas/ no de hõbres sino de dragones z infieles/pues sin aduertir ni tener respeto alguno de humano/hã seydo causa q̃ muchos indios q̃ se pudierã cõuertir y saluarse/muriessen por diuersas formas y maneras: y en caso q̃ no se cõuirtierã los tales q̃ assi muriero/pudierã ser vtiles biuiẽdo pa el seruicio d̃.V.M.z puecho z vtilidad dlos xp̃ianos/z no se despoblara totalmẽte algũa pte dla tierra/q̃ desta causa esta q̃si yerma de gẽte.z los q̃ hã seydo causa de aq̃ste daño llamã pacificado alo despoblado:z yo por mas q̃ pacifico/lo llamo destruydo. po enesta pte satisfecho esta dios y el mũdo dla sc̃a ĩteciõ y obra d̃.V.M.enlo de hasta aq̃/pues cõ acuerdo d̃ muchos theologos z juristas y psonas d̃ altos entẽdimiẽtos ha proueydo y remediado con su justicia todo lo q̃ a seydo possible z mucho mas

C Sacrificã en onor del diablo

C Llamã tuyra al Diablo: z al christiano en algunas partes.
C Muchos daños que han hecho los christianos en aquellas partes.

Tierra firme.

con la nueua reformacion de su real consejo de Indias/ donde tales perlados y de tales letras/ τ conellos tan dotos varones Canonistas y legistas/ y que en sciencia y consciencia los vnos y los otros tanta parte tienen/ espero en Jesu Christo que todo lo que hasta aqui ha auido errado/ por los que a aquellas partes han passado/ se emendara con su prudencia/ τ lo por venir se acertara de manera/ que nuestro señor sea muy seruido/ y. V. M. por el semejante: τ aquestos sus reynos de España muy enrriquescidos y augmentados/ por respecto de aquella tierra/ pues tan riquissima la hizo dios/ y os la tuuo guardada/ desde q̃ la formo/ para hazer a. V. M. vniuersal τ vnico monarca enel mundo. Tornando al proposito del Tequina/ que los indios tienen/ y esta para hablar conel diablo/ τ por cuya mano τ consejo se hazen aquellos diabolicos sacrificios τ ritos τ cirimonias d'los indios. Digo que los antiguos Romanos/ ni los Griegos/ ni los Troyanos/ ni Alexandre/ ni Dario/ ni otros principes antiguos/ po no catholicos/ estouierõ fuera destos errores τ supsticiones/ pues tã gouernados erã de aq̃llos aurispices o adeuinos/ τ tan subjetos alos errores τ vanidades τ conjecturas de sus locos sacrificios: enlos quales interuiniẽdo el diablo algunas vezes acertauan y dezian algo delo que sucedia despues/ sin saber dello ningũa cosa ni certinidad mas delo que aquel comũ aduersario de natura humana les enseñaua/ para los traer τ allegar a su perdicion y muerte: τ assi por consiguiente quando el sacrificio faltaua/ se escusauan o poniã cautelosas y equiuocas respuestas/ diziendo que los dioses (vanos) q̃ adorauan estauã indignados τc. Despues que. V. M. esta enesta cibdad de Toledo llego aqui enel mes de Nouiembre/ el piloto Estcuan gomez/ el qual enel año passado de Mil y quinientos y veynte y quatro: por mãdado de. V. M. fue ala parte d'l norte/τ hallo mucha tierra continuada con la que se llama delos Bacallaos/ discurriendo al occidẽte/ τ puesta en quarenta grados y. xlj. τ assi algo mas y algo menos/ de donde truxo algunos indios/ τ los ay dellos al presente enesta cibdad/ los quales son de mayor estatura que los dela tierra firme/ segun lo que dellos parefce comũ/ τ porq̃ el dicho piloto dize q̃ vido muchos dellos τ q̃ son assi todos: la color es assi como los d' tierra firme/ τ son grãdes frecheros/ τ andã cubiertos de cueros de venados y otros animales/ τ ay en aquella tierra excelẽtes martas zebellinas τ otros ricos enforros/ y d'stas pieles truxo algunas el dicho piloto: tienẽ plata τ cobre/ segũ estos indios dizẽ τ lo dã a entẽder por señas/ τ adorã el sol y la luna/ τ assi ternã otras ydolatrias y errores como los de tierra firme τc. Dexado esto y tornando a continuar enlas costumbres y errores delos indios/ es de saber q̃ en muchas partes d'la tierra firme/ quãdo algũ caciq̃ o señor pricipal se muere

C De la tierra en que toco el piloto Estenã gomez: la qual es de indios ydolatras que adorã el sol τ la luna.

Tierra firme. Fo. xv.

todos los mas familiares y domesticos criados y mugeres de su casa/q̃ cõtinuo le seruiã/se matã/porq̃ tienẽ por opinion/τ assi selo tiene dado a entẽder el Tuyra/q̃ el q̃ se mata quãdo el caciq̃ muere/q̃ va cõel al cielo/ τ alla le sirue de darle de comer/o a beuer/ o esta alla arriba para siẽpre exercitãdo aq̃l mismo oficio q̃ aca biuiẽdo tenia en casa del tal caciq̃/y q̃ el q̃ aq̃sto no haze/q̃ quando muere por otra causa/o de su muerte natu‑ ral/q̃ tãbiẽ muere su anima como su cuerpo/τ q̃ todos los otros idios y vassallos del dicho Caciq̃ quãdo se muerẽ/q̃ tãbiẽ segũ es dicho muerẽ sus animas conel cuerpo/τ assi se acabã τ cõuiertẽ en ayre/ o en no ser al‑ guna cosa/como el puerco/o el aue/o el pescado/ o otra q̃lquier cosa ani‑ mada/τ q̃ aq̃sta preheminẽcia/tienẽ τ gozã solamẽte/los criados τ fami‑ liares q̃ seruiã al señor τ caciq̃ principal en su casa/o en algun seruicio. y de aq̃sta falsa opinion viene/q̃ tãbien los q̃ entendiã en le sembrar el pan y cojerlo/q̃ por gozar de aq̃lla prerogatiua se matã/y hazẽ enterrar cõsi go vn poco de Mabiz τ vna Macana pequeña/ τ dizen los indios q̃ aq̃‑ llo se lleua paraq̃ si enel cielo faltare simiente/q̃ no le falte aq̃llo poco pa‑ ra principio d̃ su exercicio basta q̃ el Tuyra/q̃ todas estas maldades les da a entẽder/los proueyesse de mas cãtidad de simiẽte. Esto esperimẽte yo biẽ/porq̃ encima de las sierras de Guaturo/teniẽdo p̃so al caciq̃ d̃ aq̃ lla prouicia/q̃ se auia rebelado d̃l seruicio de. C. M. le pregũte q̃ ciertas sepolturas q̃ estauã dentro de vna casa suya/cuyas erã: τ dixo q̃ de vnos indios q̃ se auia muerto quãdo el Caciq̃ su padre murio: τ porq̃ muchas vezes suelẽ enterrarse cõ mucha cãtidad de oro labrado/hize abrir dos sepolturas/τ hallose dẽtro dellas el mabiz τ Macana q̃ de suso se dixo/ pregũtada la causa/el dicho Cacique y otros sus indios dixeron q̃ aque‑ llos que alli auiã seydo enterrados erã labradores/psonas q̃ sabiã sem‑ brar y cojer muy biẽ el pan/y erã sus criados τ de su padre/ τ q̃ porq̃ no muriessẽ sus animas cõ los cuerpos/ se auian muerto quãdo murio su padre/ y teniã aq̃l mabiz τ macanas para lo sembrar enel cielo. τc. Alo qual yo le repliq̃/ q̃ mirasse como el Tuyra los engañaua/ τ todo lo q̃ les daua a entender era mẽtira/pues q̃ acabo de mucho tp̃o q̃ aquellos erã muertos nũca auiã lleuado el mabiz ni la macana τ se estaua alli podri‑ do τ q̃ ya no valia nada/ni auiã sembrado nada enel cielo: a esto dixo el cacique que si no lo auian lleuado/seria porq̃/ por auer hallado mucho enel cielo/ no auria seydo necessario aq̃llo. A este error se le dixeron mu‑ chas cosas/las quales aprouechã poco para sacarlos de sus errores/en especial quando ya son hombres de edad: segun el diablo los tiene ya en lazados: al qual assi como les suele aparescer quãdo les habla/ de aque‑ lla misma manera lo pintan de colores/y de muchas maneras: assi mis‑ mo lo hazen de oro de relieue/y entallado en madera/ τ muy espanta‑

Como se ma tã los idios quã do el Cacique se muere: de su vo luntad: τ la cau sa que a ello los mueue.

Entierranse los indios prin cipales con mu chas joyas de oro.

Tierra firme.

¶ Del huracan o tempestad.

ble siempre y feo/τ tan diuerso como le suelen aca pintar los pintores a los pies de sant Miguel archägel/o de sant Bartholome/o en otra parte/dõ de mas temeroso le quieran figurar. Assi mismo quãdo el demonio los quiere espãtar prometeles el huracan/q̃ quiere dezir tempestad: la qual haze tan grãde q̃ derriba casas τ arranca muchos τ muy grãdes aruo-les. τ yo he visto en mõtes muy espessos y d' grãdissimos aruoles/en espa cio de media legua y de vn quarto de legua cõtinuado/estar todo el mõ te trastornado/y derribados todos los aruoles chicos τ grandes/τ las rayzes de muchos dellos para arriba/τ tan espantosa cosa de ver q̃ sin dubda parescia cosa del diablo/τ no de poderse mirar sin mucho espan-

¶ Nota este misterio del Sãto Sacramento.

to. Eneste caso deuen contẽplar los christianos con mucha razon/q̃ en todas las partes dõde el santo Sacramẽto sea puesto/nũca mas ha auido los dichos huracanes y tẽpestades grandes/con grandissima cantidad/ni que sean peligrosas como solia. Assi mismo enla dicha tierra firme acostũbran entre los Caciques/en algunas partes della/q̃ quando mueren/tomã el cuerpo del Cacique y assientale en vna piedra/o leño/y

¶ De que manera preparan los cuerpos de los Caciques y señores principales que se mue-rẽ: paraque no se dañen y estẽ por memoria.

entorno del muy cerca sin q̃ la brasa ni la llama toque en la carne del de-funto/tiene muy grã fuego τ muy cõtinuo/hasta tanto q̃ toda la grassa τ vmidad le sale por las vñas delos pies y delas manos/y se va en sudor y se enxuga de manera q̃ el cuero se jũta con los huessos/τ toda la pulpa y carne se consume: τ desque assi enxuto esta/sin lo abrir (ni es menester) lo pone en vna parte q̃ en su casa tiene apartada/jũto al cuerpo d' su padre del tal caciq̃: q̃ dela misma manera esta puesto: τ assi viẽdo la cãtidad τ numero d'los muertos se conoce q̃ tãtos señores ha auido en aq̃l estado/τ qual fue hijo del otro/q̃ esta puestos assi por ordẽ. Bueno es de creer q̃ el que destos Caciques murio en alguna batalla de mar/o de tierra/τ q̃ q̃do en parte q̃ los suyos no pudierõ tomar su cuerpo y lleuarlo a su tier ra para lo poner cõ los otros caciques: q̃ faltara d'l numero: τ para esto

¶ Nota este auiso.

τ suplir la memoria y falta d'las letras (pues no las tienẽ) luego haze q̃ sus hijos aprẽdã y sepã muy de coro la manera d'la muerte d'los q̃ murie rõ de forma q̃ no pudierõ ser alli puestos: τ assi lo cantã en sus cãtares q̃ ellos llamã Areytos. Pero pues dixe desuso q̃ no tenian letras/antes q̃

¶ De lo que se espantan los indios d'las letras.

se me oluide de dezir lo q̃ dellas se espantã. Digo q̃ quãdo algun christia no escriue con algũ indio a alguna psona que este en otra parte/o lexos de dõde se escriue la carta: ellos estan admirados en mucha manera de ver/q̃ la carta dize aculla lo que el christiano q̃ la embia quiere: τ lleuan la con tanto respeto/o guarda/que les parece q̃ tãbiẽ sabra dezir la car ta lo q̃ por el camino le acaesce al que la lleua: τ algunas vezes piensan

¶ Que cosa es Areyto: y dela manera del cantar d'los indios.

algunos delos menos entendidos dellos/que tiene anima. Tornãdo al Areyto: digo q̃ el areyto es desta manera. Quãdo quieren auer plazer τ

[30]

Tierra firme.   Fo. xvj.

cantar/juntase mucha compañia de hombres y mugeres/ τ tomanse de las manos mezclados/τ guia vno/τ dizenle que sea el el Tequina: idest el maestro: τ este que va de guiar/ora sea hombre/ora sea muger/da ciertos passos adelante τ ciertos a tras: a manera propria de contrapas/τ andan entorno desta manera: τ dize cantado en boz baxa/ o algo moderada lo que se le antoja/τ concierta la medida de lo que dize/ con los passos que anda dando: y como el lo dize respondenle la multitud de todos los que enel contrapas/o areyto andan lo mismo τ con los mismos passos τ orden juntamente en tono mas alto: τ turales tres y quatro τ mas oras/τ avn desde vn dia/hasta otro/y eneste medio tiempo andan otras personas detras dellos/dandoles a beuer vn vino que ellos llamã Chicha/ del qual adelante sera hecha mencion/ y beuen tanto/ que muchas vezes se tornan tan beodos que quedan sin sentido. y en aquellas borracheras dizen/como murieron los Caciques segun desuso se toco/τ tãbiẽ otras cosas como seles antoja: τ ordenan muchas vezes sus trayciones contra quien ellos quieren: y algunas vezes se remudan los Tequinas/ o maestro que guia la dança: τ aquel que de nueuo guia la dança muda el tono y el contrapas y las palabras. Esta manera de bayle cantando/ segun es dicho/parese mucho ala forma delos cãtares que vsan los labradores y gentes de pueblos quando enel verano se juntan con los panderos hõbres y mugeres a sus solazes: y en Flandes he visto tãbien esta forma/o modo de cantar baylando. y porque no se passe dela memoria que cosa es aquella Chicha/o vino que beuen/τ como se haze. Digo que toman el grano del Mabiz segun enla cantidad q̃ quieren hazer la Chicha/τ ponenlo en remojo/y esta assi hasta que comiença a brotar τ se hincha/ nascen vnos cogollicos por aquella parte/ que el grano estuuo pegado enla maçorca que se crio/ y desque esta assi sazonado cuezenlo en agua/y despues que ha dado ciertos heruores/sacan la caldera/o la olla en q̃ se cueze/del fuego/τ reposase/y aquel dia no esta para beuer: pero el segundo se comiẽça a assentar y a beuer/y el tercero esta bueno/ porque esta de todo punto assentado/y el q̃rto dia muy mejor/τ passado el quinto dia se comiença a azedar/y el sexto mas/ y el septimo no esta para beuer. τ desta causa siempre hazen la cãtidad que baste hasta que se dañe: pero enel tiempo que ello esta bueno/ digo que es de muy mejor sabor q̃ la Sidra/o vino de Mãçanas/ τ a mi gusto y el de muchos que la Cerueza/y es muy sano τ tẽplado: τ los indios tienen por muy principal mantenimiento aqueste beuraje/y es la cosa del mundo que mas sanos τ gordos los tiene. ¶Las casas en q̃ estos indios biuen / son de diuersas maneras: porque algunas son redondas como vn pauellon: y esta manera de casa se llama Cancy. Enla ysla Española ay otra manera de casas q̃

¶La manera̅s como se haze el vino delos Indios q̃ ellos llaman Chicha.

¶La maneras las casas delos indios.

Tierra firme.

son fechas a dos aguas y a estas llaman en tierra firme buhio: y las vnas y las otras son de muy buenas maderas y las paredes de cañas atadas con Bexucos, q son vnas venas/o correas redondas que nascen colgadas de grandes arnoles y abraçadas con ellos/y las ay tan gruessas y delgadas como las quieren y algunas vezes las hienden y hazen tales como las an menester para atar las maderas y ligazones de la casa: y las paredes son de cañas juntas vnas cō otras hincadas en tierra quatro o cinco dedos en hondo/y alcança arriba y hazese vna pared dellas buena: y de buena vista: y encima son las dichas casas cubiertas de paja o yerua larga y muy buena y bien puesta y dura mucho y no se llueuē las casas: antes es tan buen cobrir para seguridad del agua como la teja. Este Bexuco cō que se atan/es muy bueno majado y sacado y colado el çumo y beuido se purgā conel los indios/y avn algunos xpianos he visto yo que la toman esta purga y se hallan muy bien conella y los sana y no es peligrosa ni violenta. Esta manera de cobrir las casas es de la misma manera y semejança del cobrir las casas de los villajes: y aldeas de Flādes. E si lo vno es mejor y mas bien puesto que lo otro/creo que la vētaja la tiene el cobrir delas indias/porque la paja/o yerua es mejor mucho que la de Flandes. Los xpianos hazen ya estas casas cō sobrados y ventanas porque tienē clauazō/y se hazē tablas muy buenas y tales que qualquier señor se puede aposentar largamēte a su voluntad en algunas dellas y entre las q auia enla cibdad de santa Maria del antigua del Darien/yo hize vna que me costo mas de mil y qnientos Castellanos/y tal que a vn grā señor pudiera acoger enella/y muy biē aposentarle y que me quedara muy bien en que biuir: con muchos aposentos altos y baxos y con vn huerto de muchos naranjos dulces y agros y cidros y limones(delo qual todo ya ay mucha cantidad enlos assiētos delos christianos) y por la vna pte del dicho huerto vn hermoso rio/y el sitio muy gracioso y sano y d lindos ayres y vista sobre aquella ribera. Pero por desdicha delos vezinos que alli nos auiamos eredado se ha despoblado el dicho pueblo/por medio y malicia de quien ha ello dio causa/lo ql aqui no expresso/porque. V. M. ha proueydo/y mandado su real consejo de indias/que se haga justicia y sean satisfechos los agrauiados. El tiempo dira adelāte lo que en esto se hara/y dios lo guiara todo segū la santa intencion de. V. M. Prosiguiēdo enla otra tercera manera de casas/digo q enla prouincia de Abrayme/que es enla dicha castilla del oro/y por alli cerca ay muchos pueblos de īdios puestos sobre arboles/ y encima dellos tienen sus casas y moradas/y hechas sendas camaras en que biuen cō sus mugeres y hijos: y por el aruol arriba sube vna muger con su hijo en braços como si fuesse por tierra llana/por ciertos esca

⁋ De los bexucos.

⁋ Como se purgā cō el bexuco.

⁋ Otra tercera manera de casas.

Tierra firme. Fo.xvij.

lonces que tienen atados cō Bexucos/o ataduras de cuerdas de Bexuco τ debaxo todo el terreno es paludes de agua bara/de menos de estado/τ algunas partes d'stos lagos son bondos/τ alli tienē Canoas q̄ son cierta manera de varcas que son bechas de vn arbol concauado/del tamaño que las quierē bazer. E de alli salen a la tierra rasa τ enxuta a sembrar sus Mabizales τ yuca τ Batatas τ Ajes τ las otras sus cosas de q̄ vsan para sus mantenimientos τ aquesta manera tienē estos indios en estos assientos/o pueblos q̄ ay desta forma:por estar mas seguros delos animales τ bestias fieras τ de sus enemigos τ mas fuertes τ sin sospecha del fuego. Estos indios no son frecheros pero pelean con varas delas q̄ les tienen becha mucha cantidad/τ para su respeto y defensiō/puestas enestas sus camaras/o casas/para desde alli se defender/τ ofender a sus aduersarios. Ay otra manera de casas en especial enel rio grāde d' sant Juā (q̄ atras se dixo q̄ entra enel golpho de Uraba) enel medio del qual ay muchas palmas juntas nascidas: τ sobre ellas estan enlo alto las casas armadas segun atras se dixo de Abrayme/τ assaz mayores/τ dōde estan muchos vezinos juntos/τ tienen sus canoas atadas al pie d'las dichas palmas/para se seruir dela tierra/τ salir y entrar quando les conuiene: τ son tan duras τ malas de cortar estas palmas de muy rezias/q̄ con muy gran dificultad se les podria bazer daño. Estos que estan enestas casas enel dicho rio/pelean assi mismo con varas: τ los christianos que alli llegaron conel adelantado Uasco nuñez de Balboa/τ otros capitanes rescibieron mucho daño τ ninguno les pudieron bazer a los indios y se tornaron con perdida τ muertes de mucha parte dela gente. E aquesto baste quanto ala manera delas casas:pero enlas babitaciones delos pueblos son diferentes/porque vnos son mayores que otros en algunas prouincias/τ comunmente enla mayor parte pueblan desparzidos/por los valles y enlas laderas/y en otras ptes y alturas/y en otras cerca de rios/τ a vezes apartados dellos/τ sembrados ala manera que estan en vizcaya/y enlas montañas vnas casas desuiadas de otras. Pero muchas dellas τ mucho territorio debaxo dela obediencia de vn Cacique:el qual es en gran manera obedescido τ acatado de su gēte τ muy seruido.el qual quando come enel campo τ comunmente enel pueblo/o assiento/todo lo que ay de comer se le pone delante/y el lo reparte a todos/τ da a cada vno lo que le plaze. E continuamente tiene bombres diputados que le siembran/τ otros que le montean/τ otros que le pescan: y el algunas vezes se ocupa enestas cosas/o enlo que mas plazer le dan en tanto que no esta en guerra. CLas camas en que duermen se llaman Hamacas/que son vnas mantas de algodon muy biē texidas/y de buenas τ lindas telas/y delgadas algunas d'llas/de dos varas y de tres en

☾ Quarta manera de casas.

☾ Son los caciques τ señores d'los idios muy acatados d' sus vassallos y gente.

☾ Las camas en que duermē los indios.

Tierra firme.

luengo:τ algo mas angostas que luengas:y en los cabos estan llenas de cordeles luengos de Cabuya y de Henequen:(la qual manera deste hi=

lo τ su diferencia/adelante se dira)y estos hilos son luengos τ vanse a ju tar τ concluyr juntamente:τ hazenles al cabo vn tracabillo/como a vna empulguera de vna cuerda de Vallesta/τ assi la guarnescen/τ aquella a tan a vn aruol/τ la del otro al otro cabo/con cuerdas o sogas de algodõ que llaman Hicos:y queda la cama enel ayre/quatro o cinco palmos le uantada de tierra/en manera de Honda o Colunpio:y es muy buẽ dor mir en tales camas τ son muy limpias:τ como la tierra es templada no ay necessidad de otra ropa ninguna encima. Verdad es que dormiẽdo en alguna sierra donde haze algun frio/o llegado hombre mojado/sue len poner brasa debaxo delas Hamacas para se calentar. Aquellas cu erdas con que se atan las empulgueras o fines delas dichas Hamacas son vnas sogas torcidas τ bien hechas/τ dela grosseza que conuiene de muy buen algodon:τ quando no duermen enel campo/para se atar de aruol a aruol/atanse en casa de vn poste a otro/τ siempre ay lugar para

¶Son muy gran des nadadores los indios τ las indias.

las colgar. ¶Son muy grandes nadadores todos los Indios comun mente assi los hombres como las mugeres porque desde que nascen cõ tinuan andar enel agua:pero para entender quan habiles son los In dios enel nadar basta lo que es dicho/enel lugar donde se dixo dela ma nera que enlas yslas de Cuba τ de Jamayca toman los indios las an

¶Delos hilos τ cuerdas de ca buya τ henequẽ.

sares.τc.¶Lo que toque desuso enlos hilos dela Cabuya y del Hene quen/que me ofresci de especificar adelante: es assi. De ciertas hojas de vna yerua que es dela manera delos lirios o espadaña hazen estos hi los de Cabuya o Henequen/que todo es vna cosa:excepto que el Hene quen es bien delgado/τ se haze delo mejor dela materia y es como el li

¶La manera d como los idios cortan cõ vn hi lo de henequen vnos grillos: o barras d hierro.

no:τ lo al es mas basto: o enla diferencia es como de Cañamo de cer ro alo otro mas tosco/τ la color es como ruuio/τ alguno ay quasi blan co. ¶Conel Henequen que es lo mas delgado deste hilo cortan/si les dã lugar a los indios/vnos grillos/o vna barra de hierro en esta manera. Como quiẽ siega o asierra mueuen sobre el hierro que ha de ser cortado

Tierra firme. Fo. xviij.

el hilo del henequen/tirando τ aflorando/yendo τ viniendo de vna ma
no hazia otra y echando arena muy menuda sobre el hilo/enel lugar/o
parte que lo mueuen ludiendo enel hierro/τ como se va roçando el hilo
assi lo van mejorando τ poniendo del hilo que esta sano/lo que esta por
roçar: τ desta forma hieren vn hierro por grueso que sea τ lo cortan co
mo si fuesse vna cosa tierna/o muy apta para cortarse. ⁋Tambien me
occurre vna cosa que he mirado muchas vezes enestos indios/y es que
tienen el casco dela cabeça/mas grueso quatro vezes ᷤ los christianos.
E assi quando seles haze guerra τ vienen conellos alas manos/han de
estar muy sobre auiso de no les dar cuchillada enla cabeça/porque se ha
visto quebrar muchas espadas/a causa delo que es dicho: y porque de
mas de ser grueso el casco es muy fuerte. ⁋Assi mismo he notado ᷤ los
indios quando conoscen que les sobra la sangre se sajan/por las panto-
rrillas/y enlos braços/delos codos hazia las manos/enlo que es mas
ancho encima delas muñecas con vnos pedernales muy delgados que
ellos tienen para esto: τ algunas vezes con vnos colmillos de biuoras
muy delgados/o con vnas cañuelas. ⁋Todos los indios comunmente
son sin baruas/τ por marauilla o rarissimo es aquel que tiene boço/o al
gunos pelos enla barua/o en alguna parte dela persona/ellos/ni ellas.
Puesto que el Cacique dela prouincia de Catarapa/yo le vi que las te-
nia/τ tambien enlas otras partes que los hombres aca las tienē/τ a su
muger enel lugar y partes que las mugeres las suelen tener/τ assi en aq̄
lla prouincia diz que ay algunos/pero pocos que esto tengan/segun el
mismo Cacique me dixo/τ dezia que a el que le venia de linaje. El qual
Cacique tenia mucha parte dela persona pintada. Y estas pinturas son
negras y perpetuas: segun las que los moros en Beruería por gentileza traen en especial las moras enlos rostros τ gargantas τ otras partes: τ assi entre los indios los principales vsan estas pinturas enlos bra
ços y enlos pechos/pero no enla cara sino los esclauos. ⁋Quando van
alas batallas los indios en algunas prouincias/en especial los caribes
flecheros lleuan Caracoles grandes que suenan mucho/a manera de
bozinas y tambien atambores τ muchos penachos muy lindos/τ algu
nas armaduras de oro/en especial vnas pieças redondas grandes/en
los pechos y braçales/y otras pieças enlas cabeças/y en otras partes d̄
las personas/τ de ninguna manera/tanto como enla guerra/se precian
de parescer gētiles hombres/τ yr lo mas bien adereçados que ellos pue
den de joyas de oro τ plumajes. Y de aquellos caracoles hazen vnas cō
tezicas blancas de muchas maneras/τ otras coloradas y otras negras
τ otras moradas/y cañutos delo mismo τ hazen braçaletes mezclados
con oliuetas y cuentas de oro que se ponen enlas muñecas/y encima de

⁋Tienen los in
dios muy grues
so el casco dla ca
beça.

⁋Como se sajā
los indios.

⁋No tienē bar
uas ni pelos en
parte alguā los
indios.

⁋Como se pin
tan los indios τ
indias principa
les: como las mo
ras ō beruería.

⁋Las bozinas
delos indios y
atambores.

⁋Penachos y
armaduras de
oro.

⁋Los sartales
y cuentas delos
indios τ indias
que llamō cha-
quira.

C ij

Tierra firme.

los tovillos τ debaxo delas rodillas por gentileza en especial las muge=
res que se precian de si τ son principales/ traen todas estas cosas en las
partes que es dicho/ τ alas gargantas: τ llaman a estos sartales/ τ cosas
desta manera/Chaquira. De mas desto traen çarcillos de oro enlas ore
jas/y enlas narizes hecho vn agujero de ventana a ventana/colgado so
bre el boço. Algunos indios se tresquilan avn que comunmente ellos y
ellas se prescian mucho del cabello/ τ lo traen ellas mas largo hasta me
dia espalda τ cercenado ygualmente τ cortado muy bien por encima de
las cejas/lo qual cortan con pedernales muy justa τ ygualmente. Alas

❡ Como se alçã las tetas las mu geres principa= les quãdo se les caen por edad: o otra causa.

mugeres principales que se les van cayendo las tetas/ ellas las leuantã
con vna barra de oro de palmo y medio de luengo τ bien labrada τ que
pesan algunas mas de dozientos Castellanos horadadas enlos cabos τ
por alli atados sendos cordones de algodon/el vn cabo va sobre el ombro
τ el otro debaxo del sobaco donde lo añudã/en amas partes. τ algunas
mugeres principales van alas batallas con sus maridos/o quando son
señoras dela tierra/ τ mandan τ capitanean su gente/ τ de camino lleuan

❡ Como se ha zen lleuar de ca mino los indios τ indias princi= pales.

las como agora dire. ❡ Siempre el Cacique principal tiene vna dozena
de Indios delos mas rezios/diputados para lleuarle de camino echado
en vna Hamaca/ puesta en vn palo largo/ que de su natura es ligero: τ
aquellos van corriendo/o medio trotando conel/ acuestas sobre los om=
bros/ τ quando se cansan los dos/ que lo lleuan/sin se parar luego se po
nen otros dos τ continuan el camino/ τ en vn dia si es en tierra llana/an
dan desta manera quinze τ veynte leguas. Estos Indios que aqueste ofi

❡ Que cosa es naboria.

cio tienẽ por la mayor parte son esclauos/o Naborias. ❡ Naboria es vn
Indio que no es esclauo/pero esta obligado a seruir avn que no quiera.
❡ Y pues ya paresce que avn que no tan larga ni suficientemente he di
cho lo q̃ hasta aqui esta escripto/ como estas cosas τ otras muchas mas
sin comparacion/estan copiosamente apuntadas en mi general istoria d
Indias/quiero passar a las otras partes τ cosas de que enel phemio se
hizo mencion/ τ primeramente dire de algunos animales terrestres en
especial de aquellos que mas certificada se hallare mi memoria.

Del tigre. Fo.xix.
¶ De los animales: τ primeramente del Tigre. Capitulo.rj.

El tigre es animal que segū los antiguos escriuieron/es el mas velocissimo delos animales terrestres: τ tiguer/en griego quiere dezir saeta/ τ assi por la velocidad dl río Tigris sele dio este nōbre. Los primeros españoles q̄ vierō estos Tigres en tierra firme llamarō assi a estos animales/los quales son segun y dela manera del q̄ en esta cibdad de Toledo/dio a. V. M. el almirāte don Diego colom/q̄ le truxerō dela nueua España. Tiene la hechura dela cabeça como leon/o onça/pero gruessa/τ ella y todo el cuerpo τ braços pintado de manchas negras τ juntas vnas cō otras/perfiladas de color bermeja q̄ hazen vna hermosa lauor/o cōcierto de pintura: enel lomo y apar del/mayores estas māchas/τ diminuyēdose hazia el viētre y los braços y cabeça: este q̄ aqui se truxo era pequeño y nueuo τ a mi parescer podria ser de tres años: pero a y los muy mayores en tierra firme τ yo le he visto mas alto biē q̄ tres palmos/y de mas de cinco de luengo/ τ son muy doblados/y rezios de braços y piernas/τ muy armados de dientes y colmillos y vñas: y en tanta manera fiero/q̄ a mi parescer ningun Leon real delos muy grādes no es tan fiero ni tan fuerte. De aq̄stos animales ay muchos enla tierra firme: τ se comen muchos indios/τ son muy dañosos: pero yo no me determino si son tigres/viēdo lo q̄ se escriue dela ligereza del tigre/τ lo que se vee dela torpeza d'aquestos q̄ tigres llamamos enlas indias. Verdad es que segun las marauillas del mundo/y los estremos que las criaturas/mas en vnas partes q̄ en otras tienen/segun las diuersidades delas prouincias y constelaciones donde se crian/ya vemos que las plantas que son nociuas en vnas partes son sanas τ prouechosas en otras. Y las aues que en vna prouincia son de buē sabor/en otras partes no curan dellas ni las comē: los hombres que en vna parte son negros/en otras prouincias son blāquissimos/τ los vnos y los otros son hōbres. Ya podria ser q̄ los tigres/assi mismo fuessen en vna parte lijeros como escriuen/y que en la india de. V. M. de donde aq̄ se habla/fuessen torpes y pesados. Animosos son los hōbres y de mucho atreuimiento en algunos reynos: τ timidos τ couardes naturalmēte en otros. Todas estas cosas τ otras muchas que se podrian dezir a este proposito/son faciles de prouar/y muy dinas de creer de todos aquellos q̄ han leydo/o andado por el mundo/a quien la propria vista aura enseñado la esperiencia de lo que es dicho. Notorio es que la yuca de que bazē

C iij

De los tigres.

pan en la ysla española/que matan con el çumo della/τ que no se osa comer en fruta: pero en tierra firme no tiene tal propriedad: q̃ yo la he comido muchas vezes y es muy buena fruta. Los murciclagos en españa avn q̃ piquẽ no matã ni son poçoñosos: pero en tierra firme muchos hõbres muriero de picaduras dellos/como en su lugar se dira. E assi de aq̃sta forma se podria dezir tãtas cosas q̃ no nos bastasse tp̃o para leerlas. mi fin es dezir q̃ este animal podria ser tigre τ no dela ligereza delos Tigres de quiẽ Plinio τ otros autores hablã. A q̃stos de tierra firme se matan muchas vezes facilmẽte por los vallesteros en esta manera. Assi como el vallestero ha conosciniẽto τ sabe dõde anda algũ tigre destos/va le a buscar cõ su vallesta/τ cõ vn can pequeño vẽtor/o sabueso: (τ no con perro de p̃sa/por q̃ al perro q̃ con el se afierra le mata luego/por q̃ es animal muy armado y de grãdissima fuerça) el qual perro vẽtor assi como da del/τ lo halla/anda alrededor ladrãdole y pellizcãdo τ huyẽdo/τ tãto le molesta q̃ le haze subir y encaramar en el primero aruol q̃ por alli esta/y el dicho tigre de importunado del dicho vẽtor se sube alo alto y se esta alli/y el perro al pie del aruol/ladrãdole/y el regañando mostrãdo los dientes/llega el vallestero/τ desde a doze o quinze passos le tira con vn rallon y le da por los pechos y echa a huyr/y el dicho tigre q̃da cõ su trabajo y herida mordiẽdo la tierra τ arboles: y desde a espacio de dos o tres oras/o otro dia el mõtero torna alli τ cõ el perro luego le halla dõde esta muerto. El año de. M.d.xxij.años. yo τ otros regidores de la cibdad de sancta Maria del antigua del Darien/hezimos en nr̃o cabildo τ ayuntamiẽto vna ordenãça en la q̃l prometimos quatro o cinco pesos d oro al q̃ matasse q̃lquiera tigre destos: τ por este premio se mataron muchos dellos en breue tp̃o de la manera q̃ es dicho/τ cõ çepos assi mismo. Para mi opinion/ni tẽgo/ni dexo de tener por tigres estos tales animales/o por panteras/o otro de aquellos que se escriue del numero delos q̃ se notan de piel maculada/o por vẽtura otro nueuo animal que assi mismo la tiene/τ no esta en el numero delos que estan escriptos. Porque de muchos animales que ay en aquellas partes y entre ellos aq̃stos que yo aqui porne o los mas dellos/ningun escriptor supo delos antiguos: como quiera que estan en parte τ tierra que hasta nuestros tiẽpos era incognita: τ de quiẽ ninguna mẽcion hazia la cosinographia del Tholomeo/ni otra hasta q̃ el almirãte don Christoual colom nos la enseño. Cosa por cierto mas digna τ sin cõparacio hazañosa τ grãde/q̃ no fue dar Ercoles entrada al mar mediterraneo/en el occeano/pues los griegos hasta el/nũca le supierõ: τ de aq̃ viene aq̃lla fabula q̃ dize q̃ los mõtes cal-

abila. pe τ apiña (q̃ sõ los q̃ en el estrecho d̃ gibraltar/el vno en españa y el otro en Africa estan en frente el vno del otro) erã juntos/y que el Ercoles los

[38]

De los tigres.   Fo. xx.

abrio/ τ dio por alli la entrada al mar Occeaño τ puso sus colupnas en Caliz τ Seuilla/q̃.U.S.trae por diuisa con aquella su letra de/plus vltra. Palabras en verdad dignas de tan grandissimo τ vniuersal Emperador τ no conuinientes a otro principe alguno. Pues en partes tan estrañas τ tãtos millares de leguas adelãte de donde Ercoles τ todos los pricipes vniuersos hã llegado las ha puesto. U.S.C.S.Assi q̃/pues q̃ Ercoles fue/el q̃ a ãllo poco nauego/y por esso dizen los poetas q̃ dio la puerta al Occeano.τc. Por cierto señor avn q̃ a colõ se hiziesse vna estatua de oro/no pẽsara los antiguos q̃ le pagauã si en su tpo el fuera. Tornando a la materia comẽçada digo que dela manera τ facion deste animal/pues.U.S.le ha visto τ al presente esta biuo enesta cibdad de Toledo/no ay para que se diga del mas delo dicho: pero este leoncro de U. S. q̃ ha tomado cargo d le amãssar podria entẽder en otra cosa q̃ mas vtil τ prouechosa le fuesse para su vida/porq̃ este Tigre es nueuo/τ cada dia sera mas rezio τ fiero τ se le doblara la malicia. A este animal llamã los Indios/ochi. En especial en tierra firme enla prouincia quel catholico rey don Fernãdo mãdo llamar Castilla del oro. despues desto escripto muchos dias/sucedio/q̃ este tigre de q̃ desuso se hizo mẽciõ q̃ so matar al q̃ tenia cargo del/el qual lo auia ya sacado dela jaola τ muy domestico le tenia τ atado con muy delgada cuerda τ tã familiar q̃ yo estaua espantado de verle/pero no desconfiado que esta amistad auie de durar poco/en fin q̃ vn dia/ouiera d matar al q̃ tenia cargo del/desde a poco tpo se murio el dicho tigre/o le ayudarõ a morir/porq̃ enla verdad estos animales no son para entre gentes segun son ferozes τ de su propria natura indomables.

¶Del Beori.   Ca. xij.

Os xp̃ianos que en tierra firme andan llamã/Danta/a vn animal q̃ los Indios le nõbrã Beori: a causa q̃ los cueros destos animales son muy gruessos/po no son Dãtas. E assi hã dado este nõbre d Dãta al Beori tã impropriamẽte/como al Ochi/el de tigre. Estos animales Beories son del tamaño d vna mula mediana τ el pelo es pardo muy escuro τ mas espesso q̃ el d̃l Bufano τ no tiene cuernos/avn q̃ algũos los llamã vacas. Sõ muy buena carne avn q̃ es algo mas mollicia q̃ la d̃la vaca d España: los pies deste animal sõ muy buẽ mãjar τ muy sabrosos/saluo q̃ es menester q̃ cuezã.xx.τ q̃tro oras/po passadas estas/es mãjar para le dar/a qlqera q̃ huelgue d̃ comer vna cosa d̃ muy buẽ sabor τ digestiõ. matã estos beoris cõ perros τ despues q̃ estan asidos a de socorrer el montero cõ mucha diligẽcia a

C iiij

Beori.

alãcear este animal antes q̃ se entre enel agua si por alli cerca la ay/por que despues q̃ se entra enel agua se aproueccha delos perros τ los mata a grandes bocados/τ acaesce leuar vn braço con media espalda cercē de vn bocado a vn lebrel:τ a otro quitarle vn palmo o dos dl pellejo assi como si lo dessollassen/τ yo he visto lo vno τ lo otro. lo qual no hazen tan a su saluo fuera del agua. Hasta agora los cueros destos animales no los saben adobar ni se aproueccham dellos los christianos/porque no los saben tratar/pero son tan gruessos/o mas que los del bufano.

¶ Del gato cerual.   Cap. xiij.

El gato cerual es muy fiero animal: y es dela manera y hechura τ color q̃ los gatos pardillos pequeños mansos que tenemos en casa/pero es tan grāde o mayor que los tigres de que desuso se ha hecho mencion / y es el mas feroz animal que ay en aquellas partes/y de que los christianos mas temen/τ muy mas lijero que todos los que por alla ay ni se han visto.

¶ Leones reales.   Cap. xiiij.

En tierra firme ay Leones reales: ni mas ni menos que los de africa/pero son algo menores τ no tã denodados/antes son couardes τ huyen. Mas aquesto es comun alos leones q̃ no hazen mal sino los persiguen o acometen.

¶ Leones pardos.   Cap. xv.

Y assi mismo leones pardos en tierra firme/τ son dela forma y manera misma que enestas partes se han visto/o los ay en africa/τ son veloces τ fieros. Pero ni estos ni los leones reales hasta agora no hā hecho mal a christianos/ ni comen los indios como los tigres.

¶ Raposas.   Cap. xvj.

Y raposas las quales son ni mas ni menos q̃ las de españa/en la faciō:pero no en la color/porq̃ son tanto/o mas negras que vn tercio pelo muy negro: son muy lijeras τ algo menores que las de aca.

¶ Cieruos.   Cap. xvij.

Cieruos ay muchos en tierra firme:

Ciervos.   Fo.xxj.

ni mas ni menos que los ay en españa en color y grandeza/ τ lo de mas/ pero no son tan ligeros: lo qual yo puedo muy bien testificar/ porque los he corrido y muerto con los perros en aquellas partes algunas vezes, τ tambien los he muerto con la vallesta.

¶ Gamos.   Cap.xviij.

Gamos ay assi mismo τ muchos en especial en la prouincia de sancta marta/ τ son d'la forma τ tamaño q̃ los de España: y en el sabor assi los gamos como los Ciervos son tã buenos/o mejores q̃ los de España.

¶ Puercos.   Cap.xx.

Puercos monteses se hã hecho mu=chos en las yslas q̃ estã pobladas de xp̃ianos/ assi como en Scõ Domingo τ Cuba/ τ sant Joã/ τ Jamayca/ d'los q̃ de españa se lleuarõ. po avn q̃ d'los puercos q̃ se hã lleuado a tierra firme/ se ayã ydo algũos al mõte/ no biuẽ: porq̃ los aiales assi como tigres y gatos ceruales y leones se los comẽ luego. Pero d'los naturales puercos de la tierra firme ay muchos saluajes/ de los q̃les muchas vezes se veen grãdes piaras o cãtidad jũta/ y como andã en manadas jũtos no osan acometerlos los otros aiales/ puesto q̃ no tienẽ colmillos como los de españa/ po muerdẽ muy reziamẽte τ matã los perros a bocados. Estos puercos son algo menores q̃ los nr̃os/ τ mas peludos/o cubiertos de lana/ τ tienẽ el onbligo en medio del espinazo/ y delas pesuñas delos pies traseros/ no tienẽ dos/ sino vna en cada pie/ en todo lo de mas son como los nr̃os. matã los cõ çepos/ los idios/ τ cõ varas tiradas/ τ llamã al puerco/ chuche. Quãdo los xp̃ianos topã vna manada d'llos/ pcurã subirse sobre algũa piedra o trõco o arbol/ avn q̃ no sea mas alto q̃ tres o qtro palmos/ τ d'sde alli como passan siẽpre cõ vn laço hiere dos o tres/o mas/o los q̃ puede/ τ socorriẽdo los perros q̃ dã algũos d'llos d'sta manera. pero son muy peligrosos quando assi se hallan en compañia si no ay lugar desde donde el mõtero pueda herirlos como es dicho. Algũas vezes se hallã quando las puercas se apartan a parir τ se toman algunos lechones dellos. tienen muy buen sabor/ τ ay gran muchedumbre dellos.

¶ Osso hormiguero.   La.xxv.

L osso hormiguero es quasi a manera de osso en el pelo τ no tiene cola es menor q̃ los ossos de España τ q̃si de aq̃lla facion/ eccebto q̃ el bocico tiene muy mas largo τ es de muy poca vista. Tomãlos muchas vezes a palos/ τ no son nociuos

C v

Osso hormiguero.

τ facilmēte los tomā cō los perros/τ cōuiene q̄ cō diligēcia los socorrā antes q̄ los perros los matē porq̄ no se sabē defēder/avn q̄ muerdē algo E hallāse lo mas cōtinuamāte cerca d'los hormigueros de torrōteros/q̄ hazē cierta generaciō de hormigas muy menudas τ negras/en las cāpañas τ vegas rrasas q̄ no ay aruoles/dōde por destinto natural ellas se apartā a criar fuera d'los bosq̄s/por recelo deste animal/el q̄l como es couarde τ desarmado/siempre anda entre aruoledas τ espesuras hasta q̄ la hambre τ neccessidad/o el ōsseo d'apacētarse destas hormigas le haze salir a los rasos a buscarlas. Estas hormigas hazē vn torrōtero tā alto como vn hōbre τ poco mas τ algūas vezes menos/τ gruesso como vna arca cortesana/τ a vezes como vna pipa/τ durissimo como piedra/τ parescē estos tales torrōteros cotos/o majanos de terminos: τ debaxo de aq̄lla tierra durissima d' q̄ estā fabricados/ay innumerables o q̄ si infinitas hormigas muy chiquitas/q̄ se pueden cojer a celemines q̄brando el dicho torrōtero: el qual de auerse mojado cō la lluuia τ tras el agua/sobrevenir la calor d'l sol/algunas vezes se resquiebra τ se hazē en el/algunas hendeduras/ pero muy delgadissimas y en tanta delgadez/q̄ vn filo de vn cuchillo no puede ser mas delgado: τ paresce q̄ la natura les da entēdimiēto o saber para hallar tal materia de barro estas hormigas q̄ pueden hazer aq̄l torrontero que es dicho tan durissimo que no parece sino vna muy fuerte argamassa: lo qual yo he esperimentado y los he hecho romper τ no pudiera creer sin verlo la dureza que tienen/porque con picos τ barretas de hierro son muy dificultosos de deshazer / τ por entender mejor este secreto en mi presencia lo he hecho derribar. Lo qnal como es dicho haze las dichas hormigas para se guardar de aq̄ste su aduersario/o Osso hormiguero/q̄ es el que principalmente se deue ceuar τ sustentar dellas/o les es dado por su emulo/a tal que se cumpla aquel comun prouerbio que dize que no ay criatura tā libre a quiē falte su aguazil. Este que la natura le dio a tā pequeño animal/tiene esta forma/para vsar su oficio en las escondidas hormigas/executando su muerte/q̄ se va al hormiguero q̄ es dicho τ por vna hendedura/ o resquebrajo tan sotil como vn filo de espada comiença a poner la lengua τ lamiendo vmedesce aquella hendedura por delgada que sea/ τ son de tal propriedad sus bauas τ tan continua su perseuerancia en el lamer/que poco a poco haze lugar y ensancha de manera aquella hendedura/que muy descansada/o anchamente τ a su voluntad mete τ saca la dicha lengua en el hormiguero/la qual tiene longuissima τ desproporcionada segun el cuerpo τ muy delgada. τ despues que la entrada τ salida tiene a su proposito/ mete la lengua todo lo que puede por aquel agujero que ha hecho/τ estase assi quedo grande espacio: τ como las hormigas son muchas τ ami

Osso hormiguero. Fo. xxij.

gas dela vmedad/carganse sobre la lengua grandissima cátidad dellas
τ tantas que se podrían coger a almuerças/o puños:τ quando le paresce que tiene bartas/saca presto la lengua resoluiendola en su boca τ co-
meselas τ torna por mas. E dsta forma come todas las q̃ el quiere τ se le
pone sobre la lengua. La carne deste animal es suzia τ de mal sabor: po
como las desauenturas τ nescesidades delos christianos en aq̃llas par
tes enlos principios fuerõ muchas/τ muy estremadas no se ha dexado
de prouar a comer/pero hase aborescido tan presto como se prouo por
algunos christianos. Estos hormigueros/tiene por debaxo a par del sue
lo la entrada a ellos/τ tan pequeña que cõ dificultad mucha se hallaria
sino fuese viẽdo ẽtrar τ salir algũas hormigas/po por alli no las podria
dañar el osso/ni está a su proposito ofenderlas como por lo alto/ en aq̃
llas hendeduricas segun que esta dicho.

Conejos τ liebres. Ca. xxij.

Y en tierra firme Conejos τ liebres
τ llamolos assi porq̃ el lomo le tienen en quanto a la color assi
como de liebre/τ lo d demas es blanco assi como el vietre τ las
hijadas/τ los braços τ piernas son algo pardicos/ po enla verdad alo
que yo pude cõprehender mas cõformidad tiene con liebres q̃ no cõ co-
nejos/τ son menores que los conejos de España. Tomanse las mas vezes quando se queman los montes τ algunas vezes con lazos por mano delos Indios.

Encubertados. Ca. xxiij.

Os Encubertados son animales
mucho d ver/τ muy estraños a la vista dlos xp̃ianos/τ muy di
ferẽtes d todoslos q̃ se hã dicho/o visto/en españa ni en otras
partes. Estos animales son d qtro pies/τ la cola τ todo el es d tez/ la piel
como cobertura/o pellejo d lagarto/po es ẽtre blãco τ pardo/tirado mas
a la color blãca τ es dla faciõ τ hechura ni mas ni menos q̃ vn cauallo en
cubertado cõ sus costãneras τ coplõ τ en todo τ por todo. τ por debaxo
dlo q̃ muestrã las costãneras τ cubiertas sale la cola τ los braços en su lu
gar τ el cuello τ las orejas por su parte. Finalmẽte es dla misma manera
q̃ vn corsier cõ bardas. E es dl tamaño d vn perrillo/o goçq̃ dstos ce mu
nes. τ no haze mal τ es couarde/τ haze su habitaciõ/en torrõteras τ cauando conlas manos abondã sus cueuas/ τ madrigueras dela forma
que los conejos las suelẽ hazer. Son excelente manjar/τ temanlos con
redes τ algunos matan vallesteros/ τ las mas vezes se toman quando

Encubertados.

se quemã los campos para sembrar o por renouar los cruajes para las vacas y ganados. yo los he comido algunas vezes/ τ son mejores q̃ cabritos enel sabor/y es manjar sano. No podria dexar de sospecharse si aqueste animal se ouiera visto donde los primeros cauallos encubertados ouieron origẽ/sino q̃ dela vista destos animales se auia aprẽdido la forma de las cubiertas para los cauallos de armas.

Perico lijero. Cap. xxiiij.

Erico lijero es vn animal el mas torpe que se puede ver enel mundo/ τ tan pesadissimo/ τ tan espacioso en su mouimiento/ q̃ para andar el espacio q̃ tomará cinquenta passos ha menester vn dia entero. Los primeros xp̃ianos q̃ este animal vieron/acordandose q̃ en españa suelẽ llamar al negro Juã blanco/porq̃ se entiẽda al reues: assi como toparõ este animal le pusierõ el nõbre al reues de su ser: pues seyẽdo espaciosissimo/le llamaron lijero. Este es vn animal delos estraños/y q̃ es mucho de ver en tierra firme/ por la descõformidad q̃ tiene cõ todos los otros animales. Sera tã luengo como dos palmos quãdo ha creçido todo lo que ha de creçer/ τ muy poco mas desta mesura sera si algo fuere mayor: menores muchos se hallã por q̃ serã nueuos/tienẽ de ancho poco menos q̃ de luẽgo: τ tienẽ q̃tro pies y delgados/y en cada mano τ pie quatro vñas largas como de aue τ juntas: pero ni las vñas ni manos no son de manera q̃ se pueda sostener sobre ellas/y desta causa/y por la delgadez delos braços τ piernas/ τ pesadũbre del cuerpo trae la barriga quasi arrastrando por tierra: el cuello dl es alto y drecho τ todo ygual como vna mano de almibirez q̃ sea de vna ygualdad hasta el cabo/sin hazer enla cabeça proporciõ o diferencia alguna fuera del pescueço: τ al cabo de aq̃l cuello tiene vna cara que si redõda semejãte mucho ala dla lechuza/y el pelo proprio haze vn perfil de si mismo como rostro en circuyto/poco mas prolõgado q̃ ancho/ τ los ojos son pequeños y redõdos/τ la nariz como de vn monico/ τ la boca muy chiquita/ τ mueue aquel su pescueço a vna parte τ a otra como atõtado: τ su intẽciõ/o lo q̃ pareçe q̃ mas procura τ apetece es asirse de aruol/o de cosa por donde se pueda subir en alto/τ assi las mas vezes q̃ los hallã a estos animales los tomã enlos aruoles/por los quales trepãdo muy espaciosamẽte se andan colgando τ asiendo con aquellas luengas vñas. El pelo del es entre pardo τ blanco quasi dela propria color: y pelo del texon/τ no tiene cola. Su boz es muy diferente de todas las de todos los animales del mundo: porque de noche solamente suena/ y toda ella / en continuado canto/ de rato en rato/ cantando seys puntos/

[44]

Zorrillos.   Fo.xxiij

vno mas alto que otro/siempre baxando:assi q̃ el mas alto puto es el primero. τ de aq̃l baxa diminuyẽdo la boz/o menos sonado como quiẽ dixesse.la.sol.fa.mi.re.vt. assi este animal dize.ha.ha.ha.ha.ha.ha. Sin dubda me parece q̃ assi como dixe enel.cap. delos Encubertados/q̃ semejantes animales pudierã ser el origẽ/o auiso pa hazer las cubiertas alos cauallos/assi/oyẽdo/aqueste animal el primero inuentor dela musica pudiera/mejor fundarse para le dar principio/q̃ por causa del mũdo porq̃ el dicho Perico ligero nos enseña por sus seys putos/lo mismo q̃ por la. sol/fa/mi/re/vt/se puede entender. tornãdo a la istoria digo q̃ despues q̃ste animal ha cantado desde a muy poco de interualo/o espacio torna a cantar lo mismo. Esto haze denoche. τ jamas se oye cãtar de dia. τ assi por esto como porq̃ es de poca vista me parece q̃ es animal noturno τ amigo de escuridad/o tinieblas. Algunas vezes q̃ los xp̃ianos tomã este animal/τ lo traẽ a casa/se anda por ay d' su espacio/τ por amenaza/o golpe/o aguijon/no se mueue cõ mas presteza delo q̃ sin fatigarle/el acostũbra mouerse:τ si topa aruol luego se va a el τ se sube a la cumbre mas alta delas ramas/τ se esta eñl aruol/ocho τ diez τ veynte dias/τ no se puede saber ni entẽder lo q̃ come. yo le he tenido en mi casa τ lo q̃ supe cõprehender deste animal es q̃ se deue mãtener del ayre/τ dsta opinion mia hallé muchos en aquella tierra/porq̃ nũca se le vido comer cosa alguna sino boluer cõtinuamente la cabeça/o boca hazia la parte q̃ el viento viene/mas amenudo q̃ a otra parte alguna/por donde se conoce que el ayre le es muy grato. No muerde ni puede segun tiene peq̃ñissima la boca/ ni es ponçoñoso/ni he visto hasta agora animal tan feo/ni q̃ parezca ser mas inutil que aqueste.

¶Zorrillos   Ca.xxv.

Y vnos animales peq̃ños como chiquitos gozques/pardos τ el hocico τ los medios braços τ piernas negros τ quasi del talle τ manera de zorrillos de España τ no son menos maliciosos y muerdẽ mucho, pero tambiẽ los ay domesticos τ son muy burlones τ trauiessos quasi como los monicos/τ su principal manjar τ de que con mejor voluntad comen son cangrejos delos quales se cree q̃ principalmente se deuen sostener estos animales. yo he tenido vno dellos/q̃ vna Carauela mia me truxo dla costa d' Cartajena q̃ lo dieron los indios frecheros/atrueco de dos anzuelos para pescar τ lo tuue mucho tiempo atado a vna cadenilla τ son animales muy plazenteros τ no tan suzios como los gatos monillos.

¶Delos Gatos monillos.   Ca.xxvj.

Gatos monillos.

EN aquella tierra ay Gatos de tãtas maneras z diferẽcias que no se podría dezir en poca escriptu-ra/narrando sus diferentes formas z sus inumerables traue suras/z porque cada día se traen a España/no me ocupare/en dezir de llos si no pocas cosas. Algunos destos gatos son tan astutos q̃ muchas cosas delas que veen hazer a los hombres las ymitan z hazen. En espe cial ay muchos q̃ así como veen partir vna almendra/o piñon con vna piedra/lo hazen dela misma manera z parten todo s los que le dan/po-niendole vna piedra donde el Gato la pueda tomar. Assi mismo tiran vna piedra pequeña del tamaño z peso que su fuerça basta como la tira ría vn hombre. De mas de esto quando los christianos van por la tierra adentro a entrar/o hazer guerra a alguna prouincia z passan por algũ bosque donde aya de vnos Gatos grandes z negros que ay en tierra firme/no hazen sino romper troncos z ramas delos arboles z arrojar sobre los christianos por los descalabrar/z les conuiene cobrirse bien cõ las rodelas/z yr muy sobre auiso/para que no resciban daño z les hie-ran algunos compañeros. Acaesce tirarles piedras z quedarse ellas alla enlo alto delos aruoles/ z tornarlas los Gatos a lançar contra los christianos: z desta manera vn Gato arrojo vna que le auia seydo tira-da/z dio vna pedrada a vn Francisco de villacastin criado dl gouerna dor Pedrarias de Auila/q̃ le derribo qtro o cinco dietes dela boca/al qual yo conozco z le vi antes dela pedrada que le dio el Gato con ellos z despues muchas vezes le vi sin dientes porque los perdio segun es di-cho. E quando algunas saetas les tiran/o hieren a algun Gato/ellos se las saca/z algunas vezes las tornan a echar abaxo/z otras vezes assi co mo se las saca las ponẽ ellos mismos de su mano/alla enlo alto enlas ra mas delos aruoles de manera q̃ no puedã caer abaxo para q̃ los tornẽ a herir cõ ellas: z otros las qebran z hazẽ muchos pedaços. Finalmẽte ay tanto q̃ dezir de sus traueSuras z diferẽtes maneras destos Gatos q̃ sin verlo es dificultoso de creer. Ay los tã peq̃ñitos como la mano de vn hombre z menores: z otros tã grãdes como vn mediano mastí. E entre estos dos estremos/los ay de muchas maneras z d̃ diuersas colores z fi guras z muy variables z apartados los vnos delos otros.

¶Perros. La.xxvij.

EN tierra firme en poder de los indi-os Caribes frecheros ay vnos perrillos pequeños gozques que tienen en casa de todas las colores de pelo q̃ en España los ay: al-gunos bedijudos z algunos rasos: z son mudos porque nũca jamas la-

Dela Churcha.   Fo.xxiiij.

drã/ni gañen/ni allá/ni hazen señal de gritar/o gemir/avn q̃ los maté a golpes/τ tienen mucho ayre de lobillos/pero no lo son sino perros naturales. E yo los he visto matar τ no q̃xarse ni gemir. τ los he visto enel Darien traydos dela costa de Cartajena de tierra de Caribes por rescates dando algun anzuelo en trueco dellos/τ jamas ladran ni hazẽ cosa alguna mas de comer τ beuer/τ son harto mas esquiuos q̃ los nr̃os: ecebto con los dela casa donde estan q̃ muestrã amor alos que les dã de comer enel balagar con la cola τ saltar regozijados mostrando querer complazer a quien les da de comer τ tienen por señor.

¶ Dela Churcha.   Ca.xxviij.

A Churcha es vn animal pequeño del tamaño d' vn pequeño conejo/τ de color leonado/y el pelo muy delgado: el hocico muy agudo/τ los colmillos y dientes assi mismo/τ la cola luẽga dela manera q̃ la tiene el ratõ/τ las orejas a el muy semejãtes. Aq̃stas churchas en trr̃a firme (como en castilla las garduñas) se vienẽ de noche alas casas a comerse las gallinas/o alomenos a degollarlas τ chuparse la sãgre/τ por tanto son mas dañosas/porq̃ si matassen vna y de aq̃lla se hartassen/menos daño hariã: pō acaesce degollar quinze τ veynte/τ muchas mas si no son socorridas. Pero la nouedad τ admiraciõ q̃ se puede notar de aq̃ste animal es/q̃ si al tp̃o q̃ anda en estos passos de matar las gallinas cria sus hijos/los trae consigo metidos enel seno: de aq̃sta manera. Por medio dela barriga al luengo abre vn seno q̃ haze de su misma piel/dela manera q̃ se haria juntando dos doblezes de vna capa haziendo vna bolsa: τ aq̃lla hẽdedura ẽ q̃ el vn pliegue junta conel otro: aprieta tãto q̃ ninguno delos hijos se le cae/avn q̃ corra: τ quãdo quiere/abre aq̃lla bolsa τ suelta los hijos τ andan por el suelo ayudãdo ala madre a chupar la sangre d'las gallinas q̃ mata: τ como siente q̃ es sentida/τ alguno socorre τ va cõ lũbre a ver de que causa las gallinas se escandalizan: luego en continẽte la dicha churcha mete en aq̃lla bolsa o seno/los hijos/y se va si halla lugar por dõde yrse: τ si le toma el passo subese alo alto dela casa o gallinero a se esconder/τ como muchas vezes la tomã biua τ algũas la matã/ha se visto muy biẽ lo q̃ es dicho/y hallãle los hijos metidos en aq̃lla bolsa: dẽtro dela qual tiene las tetas/τ pueden los hijos estar mamando. yo he visto algunas destas Churchas: τ todo lo que es dicho/τ avn me han muerto las Gallinas en mi casa dela manera suso dicha. Es animal esta Churcha/que huele mal y el pelo τ la cola τ las orejas tiene como raton: pero es mayor mucho.

De las aues.

Ues se ha dicho de algunos anima
les particularmente quiero assi mismo traer a la memoria de
V.M. lo que se me acuerda de algunas aues que he visto y ay
en aquellas partes. Las quales son muchas y de muchas maneras y pri
meramente de aquellas que tienē semejança a las de estas partes, o son
como ellas: y despues se proseguira en particular/lo que me ocurriere d̄
las otras q̄ son diferētes a aq̄llas de q̄ aca tienen noticia/o se conoscen.

¶Aues conoscidas y semejātes a
las que ay en España.   Ca.xxix.

Y en las indias Aguilas reales
y d̄ las negras/y Aguilillas/y d̄ las ruuias/ay Sauila
nes/y Alcotanes/y Halcones neblies/o pegrinos/sal
uo que son mas negros que los d̄ aca: Ay vnos Mila
nos que andan a comer los pollos y tienen el plumaje
y similitud de alfaneques. Ay otras aues mayores q̄
grandes Girifaltes y de muy grādes presas y los ojos colorados en mu
cha manera y la pluma muy hermosa y pintada a la manera delos Aço
res mudados muy lindos: y andan pareados de dos en dos. yo derribe
vno vna vez de vn arbol muy alto de vna saetada que le di en los pechos
y caydo abaxo/era quasi como vna Aguila real y estaua tan armado q̄
era cosa mucho de ver sus presas y pico/ y avn biuio todo aquel dia. yo
no le supe dar el nombre/ni alguno de quantos Españoles le vieron/po
a quien esta aue mas parece/es a los açores muy grandes/y esta es muy
mayor q̄ ellos y asi los christianos los llaman alla açores. Ay palomas
torcazes. y coritas. y golondrinas. y codornizes. y auiones. y garças rea
les. y garçotas. y flamencos: saluo que lo colorado d̄ los pechos es mas
biuo y de mas lindo plumaje. Ay cueruos marinos. Ay anades/y laua
cos reales. y ansares brauas/ saluo que son negras segun se dixo atras.
Todas estas aues son de passo y no se veen en todos tiempos: sino a cier
to tiempo. Ay assi mismo lechuzas y gauiotas.

¶De otras aues diferentes de
las que es dicho.   Ca.xxx.

Papagayos ay muchos y de tantas
maneras y diuersidades que seria muy larga cosa dezirlo: y
cosa mas apropriada al pinzel para darlo a entender/que no
a la lengua. pero porque de todas las maneras que los ay/los traen a

De otras aues diferētes. Fo.rrv.

España/no ay para q̄ se pierda tiempo hablando enellos. Pocos dias antes quel catholico rey don Fernando passasse desta vida/le truxe yo a Plazēcia/seys Indios Caribes delos frecheros q̄ comen carne huma na/τ seys indias moças τ muy biē dispuestos ellos y ellas/τ truxe la mue stra del açucar que se començaua a hazer en aquella sazon en la ysla Es pañola: τ ciertos cañutos de caña fistola dela primera que en aquellas partes por la industria dlos christianos se començo a hazer/y truxe assi mismo a su alteza treynta papagayos/o mas/en que auia diez o doze di ferencias entre ellos/τ los mas dellos hablauan muy bien. Estos papa gayos avn que aca parecen torpes/son todos muy grandes boladores τ siempre andan de dos en dos pareados macho y hēbra τ son muy da ñosos para el pan τ cosas que se siembran para mantenimiento delos Indios.

C Rabihorcados. Cap.xxxj.

Y vnas aues grandes τ buelan mu cho τ lo mas continuamente andan muy altos τ son negros τ quasi de rapiña: τ tienen muy largos τ delgados buelos τ los codos dlas alas muy agudos: τ la cola abierta como la dl milano/τ por esto le llaman Rabihorcado/son mayores q̄ los milanos/τ tienen tanta seguridad en sus buelos que muchas vezes/las naos que van a aque llas partes los veen veynte y treynta leguas/τ mas/dētro en la mar bo lando muy altos.

C Rabo de junco. Ca.xxxij.

Has aues ay blancas τ muy grādes boladores τ son mayores que palomas torcazes τ tienen la co la luenga τ muy delgada por lo qual se le dio el nombre que es dicho de rabo de junco/τ veese muchas vezes muy a dentro en la mar pe ro aues de tierra.

Paxaros Bouos. Cap.xxxiij.

Y vnas aues q̄ llaman paxaros Bo uos τ son menores que gauinas: τ tienē los pies como los ana dones τ posanse enel agua alguna vez/τ quādo las naues vā a la vela cerca delas yslas a cincuenta o cient leguas dellas τ estas aues veen los nauios se vienen a ellos τ cansados de bolar se sientan en las en tenas τ aruoles/o gauias dela nao/τ son tan bouos τ esperan tanto/que facilmente los toman a manos/τ desta causa los nauegantes los llamā

Paxaros Bouos.

paxaros Bouos. son negros/ τ sobre negro tienen la cabeça τ espaldas de vn plumaje pardo escuro τ no son buenos de comer τ tienen mucho bulto enla pluma a respecto dela poca carne/ pero tãbiẽ los marineros se los comen algunas vezes.

¶Patines.   Cap. xxxiiij.

Otros paxaros ay menores que tordos τ son muy negros/ τ creo que es vna delas aues del mũdo que mas velocidad traen en su bolar/ τ andan a rayz del agua por altas/o baxas que anden las ondas dela mar/ τ tan diestros en el su bir o baxar el buelo en la orden que la mar anda/ τ pegado al agua/que no se podria creer sin verse. Estos se assientan quando quierẽ en el agua y quasi la mayor parte de todo el camino delas indias los veemos en el grande mar Occeano/ τ tienen los pies como los patos/o anades.

¶Paxaros noturnos.   Ca. xxxv.

En tierra firme ay vnas aues que los christianos llaman paxaros noturnos/ que salen al tiempo q̃ el sol se pone quando salen los murcielagos y es grãde la ene mistad destas aues cõ los dichos murcielagos: y luego andan bolãdo los y persiguiẽdo alos dichos murcielagos golpeandolos/lo qual no se puede ver sin mucho plazer de quien los mira. Ay destas aues muchas en el Darien τ son algo mayores que vencejos/τ tienen aquella manera de alas/τ tanta o mas ligereza en el bolar: τ por medio de cada ala al tra ues tienen vna vanda de plumas blancas/y todo lo demas de su pluma je es pardo quasi negro: las quales aues toda la noche no paran: y quã do esclarescce el dia/se tornan a esconder/τ no parescen hasta que es pues to el sol que torna a su acostumbrada pelea contrastando cõ los dichos murcielagos.

¶Murcielagos.   Cap. xxxvj.

Pues en el capitulo d suso escripto se di xo dela cõtencion delos paxaros noturnos y murcielagos que ro concluyr con los dichos murcielagos. E digo que en tier ra firme ay muchos dellos que fueron muy peligrosos alos christianos alos principios que aquella tierra passaron con el adelãtado vasco Nu ñez de Valboa y conel bachiller Enciso quando se gano el Darien por

Murcielagos. Fo.xxvj.

que por no saberse entonces el facil τ seguro remedio q̃ ay cõtra la mordedura del murcielago/algunos christianos murieron entõces/τ otros estouieron en peligro de morir/hasta que delos Indios se supo la manera de como se auia de curar el que fuesse picado dellos. Estos murcielagos son ni mas ni menos que los de aca: τ acostumbran picar de noche/ y comunmente por la mayor parte pican del pico dela nariz/o delas yemas delas cabeças delos dedos delas manos/o delos pies: τ sacan tanta sangre dela mordedura que es cosa para no se poder creer sin verlo. Tienen otra propiedad/y es/que si entre cient personas pican a vn hombre vna noche/despues la siguiente/o otra no pica el murcielago sino al mismo q̃ ya ouo picado avn q̃ este entre muchos hõbres. El remedio desta mordedura es/tomar vn poco de rescoldo dela brasa quãto se pueda sofrir y ponerlo enel bocado. Assi mismo ay otro remedio/y es tomar agua caliente y quanto se pueda sufrir la calor della/lauar la mordedura τ luego cessa la sangre τ el peligro/τ se cura muy presto la llaga dela picadura/la qual es pequeña/y saca el murcielago vn bocadico redondo d̃la carne. A mi me han mordido y me he curado cõ el agua dela manera que he dicho. Otros murcielagos ay enla ysla de sant Juan que los comen τ estan muy gordos τ en agua muy caliente se desuellan facilmẽte y quedan dela manera delos paxaritos de cañuela/τ muy blancos τ muy gordos y de buen sabor/segun dizen los indios τ avn algunos christianos que los comen tambien/en especial aquellos que son amigos de prouar lo que veen hazer a otros.

¶Pauos. Cap.xxxvij.

Y vnos pauos ruuios: τ otros negros y las colas tienenlas dela hechura delas pauas de España/ pero enel plumaje τ color: los vnos son todos ruuios y la barriga cõ vn poco del pecho blãco τ los otros todos negros τ assi la barriga τ parte del pecho blãcos: τ los vnos y los otros tienẽ sobre la cabeça vna hermosa cresta/o penacho d̃ plumas bermejas el q̃ es bermejo: τ negras el que es negro: τ son de mejor comer que los de España. Estos pauos son saluajes/τ algunos ay domesticos enlas casas que los toman pequeños. Los vallesteros matan muchos dellos porque los ay en mucha cantidad. Dizen algunos que el pauo es bermejo τ la paua negra: otros son de parescer contrario τ dizen que el pauo es negro τ la paua ruuia. Otros dizen que son de dos generos τ que ay macho τ hembra de amas colores τ de qualquiera de ellas. Si el vallestero no le da enla cabeça/o en parte que cayga muerto el dicho pauo/avn que le den

D ij

Pauos.

en vna ala/o otra parte se va por tierra a peon τ corre mucho/ τ como es muy espessa de aruoles conuiene que el vallestero tenga buen Perro τ presto para que el caçador no pierda su trabajo τ la caça. Vale vn pauo destos vn ducado τ a vezes vn castellano/o peso de oro/ que es tanto como en España vn real para lo gastar. Otros pauos mayores τ mijores de sabor τ mas hermosos se han hallado enla nueua España/ delos quales han passado muchos alas yslas y a castilla del oro/ τ se crian domesticamente en poder dlos christianos: de aquestos las hembras son feas y los machos hermosos/ τ muy amenudo haze la rueda avn que no tienen tan gran cola ni tan hermosa como los de España: pero en todo lo al de su plumaje son muy hermosos. Tienen el cuello τ cabeça cubierto de vna carnosidad sin pluma/ la qual amenudo mudan de diuersas colores quando seles antoja/ en especial quādo haze la rueda la torna muy bermeja: τ quando la dexan de hazer la bueluen como amarilla τ de otras colores/τ como denegrido hazia color parda/τ blanca algunas vezes. Y enla fruente sobre el pico tiene el pauo vn peçon corto/ el qual quādo haze la rueda le alarga/o le cresce mas de vn palmo. τ dela mitad de los pechos le nasce τ tiene vna bedija de çerdas tan gruessa como vn dedo/ τ aquellas çerdas/ ni mas ni menos que las dela cola de vn cauallo/ muy negras/ y luengas mas de vn palmo. La carne destos pauos es muy buena τ sin comparaciō mejor τ mas tierna que la delos pauos de España.

¶Alcatraz. Cap.xxxviij.

Has aues ay en aquellas partes: que llamā Alcatrazes/τ son muy mayores que ansarones: τ la mayor parte del plumaje es pardo/ τ algo en parte abutardado/ y el pico es de dos palmos poco mas/o menos/ muy ancho cerca dela cabeça τ vasse diminuyendo hasta la pūta/ y tiene vn muy gruesso τ grande papo/τ son quasi dela hechura τ manera de vna aue/ ḡ yo vi en Flandes enla villa de Bruselas enel palacio de. V. M. ḡ la llamauā Hayna. Acuerdome ḡ estando vn dia comiendo. V. M. enla grā sala/ le vi traer alli en su Real presencia vna caldera de agua cō ciertos pescados biuos τ los comio assi enteros. La qual aue yo tēgo que dvia de ser maritima/ τ tales tenia los pies como las aues de agua o los ansarones suelē tener los/τ assi los tienen los Alcatrazes: los quales assi mismo son aues maritimas: τ tamañas ḡ yo vi meterle a vn Alcatraz vn sayo entero de vn hombre enel papo. En panama el año de Mil.d.xxi. años. τ porque en aḡlla playa τ costa d panama/ passa cierta bolateria dstos alcatrazes. ḡ

Alcatrazes. Fo. xxvij.

es cosa de notar/y mucho de ver/quiero aqui dezirla/pues que sin mí al presente enesta corte de. V. M. ay personas que lo hā visto muchas vezes. y es esta. Sabra. V. M. q̃ alli como a tras se dixo cresce τ mēgua aquella mar del sur/dos leguas τ mas/de seys en seys oras/τ quando cresce llega el agua dela mar tan jūto delas casas de panama como en Barcelona/o en Napoles lo haze el mar mediterranco. E quādo viene la dicha cresciente viene conella tanta sardina q̃ es cosa marauillosa/τ para no se poder creer la abundancia della sin lo ver: y el Caciq̃ de aq̃lla tierra enel tp̃o que yo cnella estuue cada vn dia era obligado/τ le estaua mādado por el gouernador de. V. M. q̃ truxesse ordinariamēte tres canoas o barcas llenas dela dicha sardina/τ las vaziasse enla plaça/τ assi se hazia continuamente/τ vn regidor de aq̃lla cibdad la repartia entre todos los xp̃ianos sin q̃ les costasse cosa alguna/τ si mucha mas gente ouiera/ avn que fuera quāta al p̃sente ay en toledo/o mas/que de otra cosa no se ouiera de mantener/se pudiera assi mismo matar cada dia toda la sardina que fuera menester y q̃ sobrara mucha mas/τ quāta quisierā. Tornando alos alcatrazes: assi como viene la marea τ sardina conella/ellos tambien viene con la marea bolando sobre ella/τ tāta multitud dellos/ que paresce que cubrē el ayre/τ continuamēte no hazen sino caer d' alto enel agua/τ tomar las sardinas que pueden/τ subito tornarse a leuantar bolando/τ comiendoselas muy presto/luego tornan a caer y se tornan a leuantar dela misma manera sin cessar: τ assi quando la mar se retrae/se van en su seguimiento los Alcatrazes continuando su pesqueria como es dicho. Juntamente andan conestas aues otras que se llaman rabihorcados de que atras se hizo mencion: τ assi como el Alcatraz se leuanta con la presa que haze delas sardinas/el dicho rabihorcado le da tantos golpes τ lo persigue hasta que le haze lāçar las sardinas que ha tragado/τ assi como las echa/antes que ellas toquen/o lleguē al agua/ los rabihorcados las toman. y desta manera es vna gran deletaciō ver lo todos los dias del mundo. Ay tantos delos dichos Alcatrazes: q̃ los christianos embian a ciertas yslas y escollos que estan cerca dela dicha Panama en barcas τ canoas por los alcatrazes quando son nueuos que avn no pueden bolar/τ a palos matan quantos quieren/hasta cargar las canoas/o varcas dellos: y estan tan gordos τ bien mantenidos que de gruessos no se pueden comer/ni los quieren/sino para hazer dela grossura de ellos/olio/para quemar de noche enlos candiles/el qual es muy bueno para esto/τ de dulce lumbre/τ que muy de grado arde. Enesta manera/τ para este efecto se matan tantos/que no tienen numero/τ siempre paresce que son muchos mas los que andan enla pesqueria de las sardinas como es dicho.

D iij

De los cueruos marinos.
¶ Cueruos marinos. Cap.xxxix.

Atras se dixo que ay cueruos marinos de la misma manera q̃ los ay acá: no torne aqui a hablar enellos, sino para dezir la muchedumbre dellos, que ay en la mar del sur en aquella costa de Panama, donde puede. V. M. creer q̃ algunas vezes vienen tantos juntos en demanda de aquestas sardinas que dixe enel capitulo antes deste, que assentados enel agua cubren gr̃a parte de la mar, que estan las manchas dellos tamañas quasi como esta vega que esta al pie desta cibdad de Toledo, y estos esquadrones o multitudes destos cueruos, en muchas partes τ muy amenudo cada dia se veen enla dicha costa del sur alli donde he dicho, τ no paresce todo aquello que toman τ ocupan del agua, sino vn terciopelo, o paño muy negro sin interualo segun estan juntos estos cueruos los vnos a par de los otros, τ assi como los alcatrazes se van τ vienen con las mareas secutando la pesqueria destas sardinas. Las quales a algunos saben bien, τ a mi no, porque son tan dulces, que a tres vezes que comi dellas las aborresci, τ nunca pescado de quantos alla ni aca he visto, yo comeria de tan mala voluntad, pero otros hombres se hallan bien conellas.

¶ Gallinas olorosas. Cap.xl.

Delas gallinas de españa ay muchas τ augmentanse mucho porque no dexan de sacar quantos hueuos pueden cobrir con las alas: las quales han procedido de las que de aca enlos principios se lleuaron: pero sin estas ay vnas Gallinas brauas que son tan grandes como pauos τ son negras, τ la cabeça, τ parte del pescueço algo pardo, o no tan negro como lo de mas dellas, ni aquello pardo, o menos negro, no es pluma sino el cuero. Son de muy mala carne y peor sabor, τ muy golosas τ comen muchas suziedades τ indios τ animales muertos: pero huelen como almizcle τ muy bien en tanto que estan biuas: τ como las matan pierden aquel olor, τ a ninguna cosa son buenas, saluo sus plumas para enplumar sactas τ virotes: τ sufren muy gran golpe, τ ha de ser muy rezia la vallesta que la mate, sino le dan enla cabeça, o le quiebran alguna delas alas, τ son muy importunas τ amigas de estar enel pueblo, y cerca del, por comer las inmundicias.

¶ Perdizes.

Perdizes.

Perdizes ay en tierra firme muy buenas τ de tan buen sabor como las de España: τ son tan grandes como las gallinas de Castilla/ τ tienen vnas tetillas sobre otras. Assi que tienen dos partes dellas/ τ tanta carne que ha de ser muy buē comedor el que a vna comida o pasto de vna vez la acabare. La pluma es parda/assi enel pecho como enlas alas y cuello τ todo lo de mas/ de aquella misma color τ plumaje que las perdizes de aca tienen los ombros: τ ninguna pluma tienen de otra color. Los hueuos que estas perdizes ponen son quasi tan grandes/ como los grandes destas gallinas comunes de España/ τ son quasi redondos τ no prolongados tanto como los delas gallinas/ τ son azules/dela color de vna muy finissima turquesa. Toman estas perdizes los indios con reclamos armandoles lazos. τ yo las he tenido biuas τ las he comido algunas vezes en tierra firme. La manera del reclamo es/que se ase el indio de vna bedija de cabellos de encima dela fruente quasi de apar dela coronilla/o mas cerca de lo alto dela cabeça/ τ tira y afloxa della meneando la cabeça/ τ con la boca haze vn cierto son que es quasi siluando/dela misma manera q̃ aquellas perdizes cantan/ τ vienen a este reclamo τ caen enlos lazos que les tienen puestos de hilo de henequen)del qual hilo se dixo largamēte enel capitulo.x. τ assi las toman τ son muy excelente manjar assadas perdigandolas primero. τ assi desta manera/como cozidas/o de q̃lquier forma/que se coman. Quierē parescer mucho enel sabor alas perdizes de españa/ τ la carne dellas es assi tiesta/ τ son mejores de comer el segūdo dia que las matan/porque estēn algo manidas/o mas tiernas. Otras perdizes ay menores que las suso dichas que son como estarnas/o perdizes delas que aca dizen pardillas q̃ son assaz buenas/ pero avn q̃ enel sabor quierē parescer a las de aca/no son tales cō mucho/como las grādes: y estas pequeñas tienē la pluma assi mismo pardilla/ po tirā algo a ruuio aql plumaje sobre pardillo τ tomāse mas a menudo q̃ las grādes/ τ son mejores para los dolientes/porq̃ no son tan rezias de digestion.

Faysanes. Cap.xlj.

Os faysanes de tierra firme no tienen la pluma que los Faysanes de España/ ni son tan lindos enla vista: pō son muy buenos y excelētes enel sabor τ parescē mucho enel gusto alas Perdizes grandes de quien se trato enel capitulo antes deste. el plumaje destas aues son pardos assi como las perdizes τ no tan grandes/ pero son mas altos de pies/ τ tienen las colas luengas y anchas/ y matanse dellas muchos con los Ballestas/ τ hazen

D iiij

Faysanes.

cierto canto a manera de siluos muy diferente del canto delas perdizes τ mucho mas alto/porque de bien lexos se oyen y esperan mucho/τ assi los vallesteros los matan muy amenudo.

¶ Picudos.   Cap.xlij.

Vna aue ay en tierra firme que los cristianos llaman Picudo.τ tiene vn pico muy grande/segun la pequeñez del cuerpo/el qual pico pesa mucho mas que todo el cuerpo. Este paxaro no es mayor que vna Codorniz/o poco mas/pero el bulto es muy mayor/porque tiene mucha mas pluma que carne. Su plumaje es muy lindo y de muchas colores/y el pico es tan grande como vn xeme/o mas/rebuelto para abaxo/τ al principio a par dela cabeça tã ancho como tres ocdoso quasi:τ la lengua que tiene/es vna pluma/τ da grandes siluos/τ haze agujeros conel pico enlos aruoles/por donde se mete τ cria alli dentro:τ cierto es aue muy estraña/τ para ver/porque es muy diferente de todas quantas aues yo he visto/assi por la lengua/que como es dicho/es vna pluma/como por su vista τ desproporcion del gran pico a respeto del cuerpo. Ninguna aue ay q̃ quando cria este mas segura τ sin temor delos gatos/assi porque ellos no pueden entrar a tomarles los hueuos o los hijos por la manera dl nido: como porque en sintiendo que ay gatos se meten en su nido τ tienen el pico hazia fuera/τ dan tales picadas que el gato ha por bien de no curar dellos.

¶ Del paxaro loco.   Capi.xliij.

Vnos paxaros ay que los christianos llaman locos/por les dar el nombre al reues de sus efectos/como suelen nombrar otras cosas/segũ a tras queda dicho/porque enla verdad ninguna aue delas que en aquellas partes yo he visto/muestra ser mas sabia τ astuta/ni de tal distinto natural para criar sus hijos sin peligro. Aquestas aues son pequeñas τ quasi negras/τ son poco mayores que los tordos de aca/tienen algunas plumas blancas enel cuello/τ traen la diligencia delas picaças:pero muy pocas vezes se posan en tierra/τ hazen sus nidos en aruoles desocupados/o apartados de otros/porque los gatos monillos/acostumbran y se de arbol en arbol/τ saltar de vnos a otros/τ no baxar a tierra por temor de otros animales/sino es quando han sed que baxan a beuer en tiempo que no puedan ser molestados. E por esso estas aues no quieren ni suelen criar sino en aruol que este algo lexos de otros:τ hazen vn nido tan luengo/o mas que el braço de vn hombre/a manera de talega/y enlo baxo es ancho/τ

Paxaro loco.   Ca.xxix.

hazia arriba de donde esta colgado se va estrechando/ι haze vn agujero por donde entran en aquella talega no mayor de quanto el dicho paxaro puede caber/ι porque en caso que los Gatos suban alos aruoles
donde aquestos nidos estan/no les coman los hijos/tienen otra astucia
grande: y es que aquellas ramas ι pajas/o cosas de que hazen estos ni
dos/son muy asperas y espinosas/ι no las puede tomar el Gato enlas
manos sin se lastimar: y estan tan entretenidos y fuertes que ningun hō
bre los sabria hazer de aquella manera. ι si el gato quiere meter la mano por el aguiero del dicho nido para sacar los hueuos o los hijos pequeños destas aues/no los puede alcançar ni llegar al cabo/porque como es dicho son luengos/mas de tres palmos/o quatro/ι no puede el
braço del gato alcançar al suelo del nido. Hazen otra cosa/y es/que en
vn aruol ay muchos nidos destos. E la causa porque hazen muchos de
estos paxaros sus nidos en vn mismo arbol deue ser por vna de dos co-
sas/o porque de su natura sea sociables ι amigos de compañia de su mis
ma ralea o casta como los auiones: o porque si por caso los gatos subie-
ren al aruol donde crian/aya diuersos o muchos nidos en que se deter-
mine la ventura del que ha de ser molestado del Gato: ι aya mas cantidad de paxaros delos mayores dellos que hagan la vela por todos: los
quales en viendo los gatos dan grandes gritos.

⸿Picazas.   Cap.xliiij.

Y en Tierra firme y tambien enlas
yslas vnas picaças que son menores que las de España/ι tienen su diligencia ι andar a saltos: pero son todas negras/ι tienen los picos dela hechura que los tienen los papagayos/ι assi mismo
negros/ι las colas luengas/ι son poco mayores que tordos.

⸿Pintadillos.   Cap.xlv.

Vnos paxaros ay que se llaman pin=
tadillos: ι son muy pequeños como los que aca llaman pin=
chicos/o de siete colores/ y estos paxaricos de temor de los
gatos siempre crian sobre las riberas delos rios o dela mar / donde
las rramas delos arboles alcancen con los nidos al agua con poco peso: que encima de ellas se cargue/ ι hazē los dichos nidos quasi enlas
puntas delas dichas rramas/ ι quando el Gato va por la rrama adelante ella se abaxa ι pende al Agua/ ι el Gato de temor se torna ι no
cura delos Nidos por temor de caer: porque de todos los Animales

Pintadillos.

del mundo no obstante que ninguno le sobra en malicia, y que naturalmente la mayor parte delos animales saben nadar: estos gatos no lo sa
bē τ muy presto se ahogā. Estos paxaricos hazē sus nidos de manera q̄
avn q̄ se moje τ bichā d' agua luego se sale: τ avn q̄ los paxaricos nueuos
cōel nido estē debaxo dl agua, por pequeños q̄ sea, no se ahogā por esso.

¶ Ruyseñores τ otros paxaros que cantan. Cap. xlvj.

Y muchos ruyseñores τ otras mu-
chas aues pequeñas que cantan marauillosamente, τ cō mu
cha melodia, τ diferentes maneras de cantar, τ son muy diuer
sos en colores los vnos delos otros. Algunos ay que son todos amarillos, τ otros que todos son colorados de vna color tan fina y excelente q̄
no se puede creer ni ver otra cosa mas subida en color, como si fuesse vn
rubi, τ otros de todas colores τ diferencias, algunos, mezcladas aquellas colores, τ otros de pocas, τ algunos de vna sola, τ tā hermosos que
en lindeza exceden τ hazen mucha ventaja a todos los que en España τ
ytalia y en otros reynos τ prouincias muchas yo he visto. E tomāse mu
chos dellos con armanças τ liga τ costillas y de muchas maneras.

¶ Paxaro mosquito. Ca. xlvij.

Y vnos paxaritos tan chiquitos: q̄
el bulto todo de vnos dellos, es menor q̄ la cabeça dl dedo pul
gar, dela mano, τ pelado es mas dela mitad menor, delo q̄ es
dicho. es vna auezica que de mas d' su pequeñez tiene tanta velocidad τ
presteza enel bolar, q̄ viendola enel ayre no se le pueden considerar las a
las d' otra manera que las delos escarauajos, o abejones. τ no ay psona
q̄ le vea bolar que piense que es otra cosa sino abejon. Los nidos son se
gun la proporcion, o grādeza suya. yo he visto vno destos paxaricos, q̄l
y el nido puestos en vn peso de pesar oro, peso todo dos tomines que son
xxiiij. granos cō la pluma, la q̄l sino touiera, fuera el peso mucho menos.
Sin duda parecia en la sotileza de sus piernas τ manos, alas auezicas q̄
en las marjenes delas oras de rezar suelē poner los yluminadores. y es
de muy hermosas colores su pluma, dorada y verde τ de otras colores y
y el pico luengo segū el cuerpo τ tā delgado como vn alfiler. Sō muy osa
dos, τ quādo veen q̄ algū hōbre sube enel aruol en q̄ cria, se le va a meter
por los ojos, τ con tanta presteza va τ buye τ torna, que no se puede creer sin verlo. cierto es cosa la pq̄ñez d'ste paxarico q̄ no osara hablar en'l
sino porq̄ sin mi ay en esta corte de. V. M. otros testigos de vista. De lo q̄

Paxaro mosquito.   Fo.xxx.

hazen el nido es de el flueco/o pelos de algodon/del qual ay mucho z les es mucho al proposito.

Passo de aues.   Cap.xlviij.

Visto he algunos años enel mes de março por espacio d' quize z veynte dias z algunos años mas desde la mañana hasta ser de noche/yr el cielo cubierto de issimas aues z muy altas/z tanto eleuadas que muchas dellas se pierden de vista/z otras van muy baxas a respecto delas mas altas, pero harto altas a respecto delas cumbres y montes dela tierra. z van continuadamente en siguimiento/o al luengo desde la parte del norte septentrional/ a la del medio dia/o via del polo austral. Assi que vienen dela parte dela mar hazia la parte dela tierra/z assi atrauiessan todo lo q̃ d'l cielo se puede ver enla longueza/o viaje que hazen estas aues, y de ancho/ocupan muy gran parte delo que se vee del cielo. E la mayor parte destas aues son al parescer Aguilas negras y otras de muchas maneras z muy grandes: z otras aues de rapiña. Las diferencias z plumajes delas quales no se puedẽ bien comprehender porque no baxan tanto que esto se pueda entender/ni discernerlo la vista: pero enla manera del bolar y enla grandeza z diferencias de los tamaños se conosce que son / de muchos z diuersos generos. Este passo destas aues es sobre la cibdad z prouincia de scã maria del antigua del Darien/en tierra firme/en aquella parte que se llama Castilla del oro. otras muchas maneras de aues ay en tierra firme que seria muy larga cosa de escreuirlo istẽssamente/assi porq̃ de todas avn que se veẽ muchas seria imposible especificarlo como porque de otras muchas mas que yo tengo escripto en mi general istoria de indias no ocurre al presente a mi memoria/mas delo que enel presente sumario esta dicho.

Delas moscas y mosquitos y abejas y abispas z hormigas z sus semejantes.   Ca.xlix.

Enlas Indias z tierra firme ay muy poquitas moscas/ y a comparacion delas que ay en Europa/ se puede dezir q̃ aculla no ay algunas porque raras vezes se veen algunas.

Mosquitos ay muchos z muy enojosos y de muchas maneras en especial en algunas partes delas costas dela mar/ y delos rios/ y tambien en muchas partes dela tierra/no los ay.

Delas abispas.

Ay muchas abispas y muy peligrosas y ponçoñosas y su picadura es sin comparacion mas dolorosa que la delas abispas de España y tienen quasi la misma color/pero son mayores y mas ruuio el amarillo dellas/ y con ello enlas alas mucha parte de color negra y las puntas dellas runias de color tostado. Hazen muy grandes abisperos y los razimos dellos llenos de vasillos del tamaño/delos panares que en España hazen las abejas/pero secos y blácos sobre pardos y no tienē enellos ningū licor sino sus criancas/o aquello de que se forman. y ay muchas enlos aruoles/y tābien se hazē muchas enlas techūbres y maderas delas casas.

Abejas.   Cap.l.

Y muchas abejas que criā enlas hoquedades dlos aruoles y son pequeñas del tamaño delas moscas/o poco mas/y las pūtas delas alas tienen cortadas al traues:dela facion/o manera delas puntas delos machetes Victorianos: y por medio del ala/vna señal al traues blanca. y no pican/ni hazen mal ni tienen aguijon/y hazen grandes panares/y los agujerillos dellos ay en vno mas que en quatro delos de aca/avn que ellas son menores abejas que las de España/y la miel es muy buena y sana po es morena qua si como arrope.

Hormigas.   Cap.lj.

As diferencias delas hormigas son muchas y la cantidad dellas tanta y tan perjudiciales algunas dellas que no se podria creer sin auerlo visto/porque han hecho mucho daño assi en aruoles como en açucares y en otras cosas nescessarias al mantenimiento delos hombres/pero por no me detener enesto digo/que aquellas que los ossos hormigueros comen son de vna manera y son pequeñas y negras. y otras ay ruuias. y otras ay que llaman Comixen que la mitad son hormigas y la otra mitad es vn gusanico que traen metido en vna cosilla/o cascara blanca que llevā arrastrādo y son muy dañosas y penetrā las maderas y casas y hazē mucho daño/estas que son Comixen. Las quales si suben por vn aruol y por vna pared/o por do quiera que hagan su camino lleuan vna boueda de tierra cubierta toda tā gruessa como vn dedo/y como la mitad y mas y menos/ y debaxo de aquel artificio/o camino cubierto/van hasta donde quieren asentar/y alli donde paran/ensanchan mucho aquella boueda y hazen vna cosa de barro cubierta y tan grāde como tres y quatro palmos y mas y menos:y tan ancha como es luenga/o como la quieren ha

Nota del Comixen.

Hormigas.   Fo.xxxj.

zer τ allí crian/τ por aquel lugar podrescen τ comē la madera τ assi mis
mo las paredes hasta dexarlas tan huecas como vn panar: τ es menester tener auiso para que assi como comiençan a hazer aquellas bouedas
o senderos cubiertos se les rompan/antes que tengā lugar de hazer da
ño en las casas/porque para la casa es aqueste animal no otra cosa que
la polilla para el paño. ⟨Ay otras hormigas mayores que las suso di   ⟨Otra mane-
chas τ con muchas diferencias/pero entre todas tienen el principado d   ra de hormigas
malas/vnas que ay negras τ tan grandes quasi como abejas de aca: τ
estas son tan pestiferas que con ellas τ otros materiales pōçoñosos los
indios hazen la yerua que tiran con sus frechas/la qual yerua es sin re
medio/τ todos los que con ella son heridos mueren que entre ciento no
escapā quatro: destas hormigas se ha visto muchas vezes por espiriencia en muchos christianos picados dellas: que assi como pican dan lue-   ⟨Nota otras
go calentura grandissima τ nasce vn encordio al que ha picado. Otras   hormigas
ay que son del tamaño delas hormigas comunes de España/pero aque
llas son bermejas/τ estas τ todas las mas delas otras que de suso tēgo
dicho que ay en tierra firme son de passo.

⟨Tauanos.   Cap.lij.

A tierra firme ay muchos tauanos
τ muy enojosos τ picā mucho: τ ay muchas diferencias dellos
y tantas q̄ seria largo y enojoso processo de escreuir/τ no apla
zible a los lectores.

⟨Aludas.   Ca.liij.

En aq̄llas partes ay aludas dela mis
ma manera que las ay en España/τ assi se hazen quando a las
hormigas les nascen las alas/y son algo menores que las alu
das de aca.

⟨Delas Biuoras τ culebras τ sierpes τ la-
gartos/y sapos/y otras cosas semejantes.   Cap.liiij.

⟨Biuoras.

Ay en tierra firme en Castilla del oro
muchas biuoras /segun/ τ dela misma manera que las ay en
España/τ los que son picados dellas muy presto mueren/por
que pocos hombres passan del quarto dia si presto no son socorridos: pe
ro entre ellas ay vna especie de biuoras menores que las otras/ de las
                                                                    E

Biuoras o tiros.

colas son algo romas/ τ saltan enel ayre a picar al hombre. E por esto algunos llaman tiro a esta manera de biuora τ la mordedura destas tales es mas veninosa τ incurable las mas vezes. Una destas me pico vna india delas que en mi casa me seruian/en vn eredamiento/τ fue muy presto socorrida con muchas cosas τ assi mismo con la sangrar o dar lancetadas en vn pie en que fue picada/y se hizo enella todo lo que los cirujanos ordenaron/pero ninguna cosa aprouecho/ni le pudieron sacar gota de sangre sino vna agua amarilla/τ antes del tercero dia espiro que ningun remedio tuuo/y lo mismo acaescio a otras personas: esta misma india que assi he dicho q̃ murio era de edad de hasta catorze años/o menos/τ muy ladina porque hablaua Castellano como si nasciera τ se criara toda su vida en Castilla: y dezia que aquella biuora que le auia picado enla gargãta de vn pie/seria d̃ dos palmos/o poco mas y q̃ salto enel ayre para la picar desde a mas de seys passos. Eco a q̃sto cõcordauã muchas p̃sonas q̃ teniã conoscimiẽto delas dichas biuoras/o tiros y q̃ auriã visto morir a otras personas de semejantes picaduras. y estas son las mas ponçoñosas que alla ay.

¶ Culebras o sierpes.   Cap. lv.

¶ Culebras coloradas.

¶ Culebras negras.
¶ Culebras pardas.

¶ Culebras pintadas y grãdes

Has culebras delgadas y luengas de siete o ocho pies he visto yo en tierra firme las quales son tan coloradas que de noche parescen vna brasa biua/ y d̃ dia son quasi tan coloradas como sangre. Estas son asaz ponçoñosas pero no tãto como las biuoras. ¶ Ay otras mas delgadas/y cortas y negras y estas salẽ d̃los rios y andã enellos y por tierra quando quieren τ son assi mismo harto ponçoñosas. ¶ Otras culebras son pardas y son poco mayores que las biuoras y son nociuas y ponçoñosas. ¶ Ay otras culebras pintadas τ muy luengas. E yo vi vna destas el año de Mil y .d. xv. enla ysla Española cerca dela costa dela mar al pie dela sierra que llaman delos pedernales/ y la medi τ tenia mas de veynte pies de luengo/τ lo mas gruesso della era mucho mas que vn puño cerrado/y ouiera de auer seydo muerta aquel dia porque no hedia y estaua la sangre fresca y tenia tres/o quatro cuchilladas. Estas culebras tales son d̃ menos põçoña que todas las suso dichas/ saluo que por ser tan grandes pone mucho temor el verlas. Acuerdome que estando enel Darien en tierra firme el año de Mil y. d. xxij. años vino del campo muy espantado vn Pedro dela calleja montañes natural de colindres vna legua de Laredo/

Biuoras o tiros. Fo. xxxij.

hombre d' credito z hidalgo el qual dixo que auia visto en vna senda dē tro de vn mahizal solamente la cabeça con poca parte del cuello de vna culebra o serpiēte/z que no pudo ver lo demas della a causa dela espesu ra del mahiz y que la cabeça era muy mayor que la rodilla doblada de vna pierna de vn hombre mediano/y assi lo juraua:y que los ojos no le auian parescido menores que los de vn bezerro grande/y como la vido desde algo apartado/no oso passar y se torno/lo qual el suso dicho con to a muchos y a mi/y todos lo creymos por otras muchas/que en aque llas partes auian visto algunos delos que al dicho Pedro dela calleja le escuchauan lo que es dicho. y en aquella sazon pocos dias despues de sto enel mismo año/mato vna culebra/vn criado mio/que desde la boca hasta la punta dela cola tenia de luengo veynte y dos pies y enlo mas gruesso della era mas gorda que dos puños juntos/delas manos de vn hombre mediano/y la cabeça mas gruessa que vn puño/y la mayor par te del pueblo la vido/y el que la mato se llama Frācisco rao/y es natural dela villa de Madrid.

ꝯ Y.u.ana. Cap. lvj.

Vana es vna manera de sierpe de quatro pies/muy espantosa de ver z muy buena de comer:de la qual enel capitulo seys a tras se dixo suficientemente lo que conuenia deste animal/o sierpe/ay muchas dellas enlas yslas y en tier ra firme.

ꝯ Lagartos o dragones. Cap. lvij.

Hy muchos lagartos y lagartijas de la manera delos de España. y no mayores/pero no son ponço ñosos/otros ay grandes de doze z quinze pies y mucho mas de luengo:y mas gruessos que vna arca/o caxa/y algunos delos mas grandes son tan gordos quasi como vna pipa/y la cabeça z lo demas a proporcion/y el hocico tienenle muy luengo/y el labrio de alto borada do en derecho delos colmillos/por los quales aguieros salen los colmi llos que tiene enla parte mas baxa dela boca/los quales z los diētes tie nē muy fieros/y enel agua es velocissimo/y en tierra algo pesado z tor pe a respecto dela habilidad que enel agua tiene. Muchos dellos an dan enlas costas z playas dela mar/y entran y salen della por los rios y esteros que entran enella z son de quatro pies y tienen muy rezias con

E ij

Lagartos.

chas/y por medio del espinazo esta lleno de luengo a luengo de puntas/ o huessos altos/y son tan rezios de passar sus cueros que ninguna espa da/o lança los puede ofender/sino les dan debaxo de aquella piel duris sima por las hijadas/o la tripa porque por alli es flaca y vencible la piel destos lagartos/o dragones: los quales quando quieren desouar/es enel tiempo mas seco del año enel mes de diziembre/que los rios no salē de su curso y en aquella sazon faltando las lluuias no les pueden lleuar los hueuos las crescientes/τ hazen desta manera. Salense alos arena les τ playas por la costa/o ribera delos rios τ hazē vn hoyo enel arena τ ponen alli dozientos y trezientos hueuos/o mas τ cubrenlos con la di cha arena: τ ad putrefactionis/con el sol se animan y toman vida τ sa len de debaxo del arena τ vanse al rio que esta junto seyēdo no mayores que vn xeme/o poco menos grandes/y despues crescen hasta ser tā grue sos τ tamaños como atras se dixo: y en algunas partes ay tātos dellos que es cosa para espantar/y lo mas continuamente se andā enlos rema sos τ hondo delos rios τ quando salen fuera dellos por la tierra τ pla yas/todo aquel contorno vezino huele a almizcle: τ salense a dormir mu chas vezes alos arenales cerca del agua τ quando se desuian algo mas y los topan los christianos luego huyen al agua/τ no saben correr ha ziendo bueltas/o a vn costado/o a otro declinando/sino derecho/τ assi avn que vaya tras vn hōbre no le alcançara si el tal hōbre es auisado d' lo que es dicho τ tuerce el correr al traues/antes muchas vezes por esta causa/ha acaescido yrle dando de palos τ cuchilladas hasta lo matar o hazer entrar enel agua: pero lo mejor es desde lexos dellos tirarles con vallestas y escopetas/porque con las otras armas assi como espadas/o dardos y lanças/poco daño le pueden hazer/ecebto sino le aciertan a dar por la barriga τ hijadas/porque aquello tiene delgado: τ quando corren por tierra lleuā la cola leuantada sobre el lomo en arcada/como las plumas dela cola del gallo: τ la barriga no rastrando/sino alta de tie rra vn palmo/o mas/o menos al respecto dela grandeza/o altura delos braços/τ tienen manos τ pies/en fin d'los dichos braços τ piernas/τ los tales pies τ manos muy hendidos τ los dedos luengos y las vñas luen gas. Finalmente que estos lagartos son muy espantosos dragones enla vista. Quieren algunos dezir que son cocatrizes/pero no es assi: porque la cocatriz/no tiene espiradero alguno/mas dela boca: τ aquestos la gartos/o Dragones si. τ la Cocatriz tiene dos mandibulas/assi alta como baxa: τ assi menea la superior tambien como la inferior: y aque stos Lagartos que digo/no tienen mas dela mandibula baxa. Son enel agua muy velocissimos τ muy peligrosos porque se comen mu chas vezes los hombres y los perros τ los cauallos τ las vacas/al pas

Lagartos.   Cap. xxxiij.

sar delos vados: y por esto se tiene aqueste auiso/que quando alguna gēte passa por algun rio en que los ay/siempre se toma el vado por los raodales y donde el agua va mas baxa y corriente mucho/porque los dichos lagartos siempre se apartan delos raodales y de donde esta baxo el rio. Muchas vezes acaesce matandolos/que les hallan enel vientre vna y dos espuertas d' guijarros pelados que el lagarto come por su passatiempo/ τ los degiste. Matālos muchas vezes armandolos con anzuelos gruessos de cadena y de otras maneras τ algunas vezes hallandolos fuera del agua con las escopetas. Estos animales/mas los tengo yo por bestias marinas y de agua que no terrestres puesto que como es dicho nascen en tierra/de aquellos hueuos que entierran enlos arenales: los quales son tan grandes/o mas que los delas ansares y son tan anchos enel vn cabo/o punta como dela otra parte/o cabo/y si dan enel suelo conellos no se quiebrā para se salir/pero quiebrasse la cascara primera que es como la delos hueuos delas ansares. y entre aqlla τ la clara tienen vna tela delgada que paresce valdres que no se rompe sino cō alguna punta de herramienta/o de palo agudo/y dando enel suelo con vn hueuo destos/salta para arriba y haze vn bote como si fuesse pelota de viento. No tienen yema y todos son clara τ guisados en tortillas son buenos y de buen sabor. yo he comido algunas vezes destos hueuos/pero no he comido delos lagartos/puesto que muchos christianos los comian quando los podiā auer/en especial los pequeños al principio que la tierra se conquisto/y dezian que eran buenos. E quando estos lagartos dexauan los hueuos/cubiertos enel arena y algun christiano los hallaua cogia aquella nidada τ trayalos ala cibdad del Darien τ dauanle cinco o seys Castellanos τ mas/segū los que traya/a razon de vn real de plata por cada hueuo/yo los pague eneste precio/y los comi algunas vezes enel año de Mil y quinientos y .xiiij. años/pero despues que ouo mantenimientos y ganados se dexaron de buscar/pero no porque si con ellos topan acaso/dexen de comerlos de buena voluntad algunos.

Escurpiones.   Cap. lviij.

Ay en muchas partes escurpiones veninosos enla tierra firme/τ yo los halle en santa Marta dentro en tierra bien tres leguas apartado dela costa y puerto de mar donde el año de Mil y quinientos y catorze toco el armada que por mandado del rey catholico dō Fernando .v. de gloriosa memoria passo ala tierra firme. Son ąsi negros sobre ruuios y en Panama enla costa dela mar del Sur los he visto assi mismo algunas vezes.

E iij

¶Arañas. Capi.lix.

Y arañas grandes: τ yo las he visto mayores que la mano estendida: con piernas τ todo: pero derados los braços sino solamente el cuerpo digo que aquello de en medio de vna araña/que vi vna vez/era tamaño como vn gorrion o paxaro destos pardales/τ llena de vello/τ la color era pardo escuro: τ los ojos mayores que d' vn paxaro delos que he dicho. son ponçoñosas/ pero de aquestas grandes hallanse raras vezes: τ muchas comunmente mayores que las destas partes.

¶Cangrejos. Cap.lx.

Angrejos son vnos animales terrestres que salen de vnos agujeros que ellos hazen en tierra/τ la cabeça τ cuerpo es todo vna cosa redonda que quiere mucho parescer capirote de balcon/ y del vn costado le salen quatro pies/ y otros tantos del otro lado/τ dos bocas como pincetas/ la vna mayor que la otra con que muerden/pero su bocado no duele mucho ni es ponçoñoso. su cascara/o cuerpo/y lo demas es liso y delgado como la cascara del hueuo/saluo que es mas dura. La color es parda/o blanca/o morada que tira a azul/τ andan de lado/τ son buenos de comer/τ los indios se dan mucho a este manjar/τ avn tambien en tierra firme muchos christianos/porque se hallan muchos τ no son manjar costoso/ni de mal sabor/τ quando los christianos van por la tierra adentro/es manjar presto y que no desplaze/y comense assados enlas brasas. Finalmente la hechura dellos es dela misma manera que se pinta el signo de cancer/enel andaluzia ala costa dela mar y del rio de guadalquiuir donde entra en ella/en sant Lucar/y en otras partes muchas ay cangrejos pero son de agua: τ los que he dicho desuso son de tierra. Algūas vezes son dañosos τ mueren los que los comen/ en especial quando los dichos cangrejos/ han comido algunas cosas ponçoñosas/o mançanillas de aquellas de que se haze la yerua con que tiran los indios caribes frecheros: dela ql se dira adelante. pero por esto se guardan los christianos de comer d'llos quando los hallan cerca de donde ay los dichos aruoles delas mançanillas. avn que se coman muchos de aquellos que son buenos: no hazen mal ni es vianda que empacha.

¶Delos sapos. Cap.lxj.

Y muchos sapos enla tierra firme τ

Sapos. Fo.xxxiiij.

muy enojosos por la grande cantidad dellos/pero no son ponçoñosos: donde mas dellos se han visto es en la cibdad del Darien τ muy grandes/tanto que quando se mueren enel tiempo dela seca/quedā tan grandes huessos de algunos en especial algunas costillas q pareçe de gato/o de otro animal tamaño/pero como cessan las aguas poco a poco se cōsumen y se acabā/hasta q el año siguiēte al tpō delas lluuias los torna a auer: pero ya no ay cō mucha cātidad tātos como solia/τ la causa es q como la tierra se va dsabahādo τ tratādose dlos xpianos τ cortādose muchos aruoles y mōtes/τ cōel alito delas vacas τ yeguas y ganados/assi pareçe q visible τ palpablemēte se va desenconādo y desumedeçiēdose τ cada dia es mas sana τ aplazible. Estos sapos cantā de tres/o qtro maneras/τ ninguna dellas es aplazible/algūos como los de aca τ otros sil uado/τ otros de otra forma/vnos ay verdes y otros pardos/τ otros q si negros/pero todos los vnos y otros muy feos y grādes y enojosos/por q ay muchos/pº como es dicho no son põçoñosos: τ dōde se pone recabdo para q no aya agua encharcada τ q corra/o se cōsuma luego no ay sapos/q ellos se vā a buscar los pātanos.τc.

⁋Delos aruoles y plantas τ yeruas que
ay en las dichas indias/yslas/τ tierra firme. ⁋Primeramente.

Yes q esta dicho delos aruoles q de españa se hā lleuado/τ como todos se hazē biē en aqllas partes: quiero dzir/dlos otros naturales dellas:τ porq todos los q ay en las yslas(τ muchos mas)los ay en la tierra firme/dire delos q se me acordare:toda via ocurriēdo ala prestaciō q al principio bize/y es/q esta todo lo q aqui dire con lo de mas q se me oluidare/copiosamēte escripto en mi general historia de indias/τ començando del mamey digo assi.

⁋Mamey. Cap.lxij.

As principales plantas τ mantenimiento delos indios/son la yuca:τ mahiz de q hazen pan/τ tā biē vino del mahiz como atras se dixo/ay otras frutas muy buenas sin aqllo. Ay vna fruta q se llama mamey/el ql es vn aruol grāde y de hermosas y frescas hojas. Haze vna graciosa y excelēte fruta y de muy suaue sabor/tā gruessa por la mayor pte como dos puños cerrados τ jūtos. la color es como dla peraça/leonada la corteza/pº mas dura algo y espessa/y el cuesco esta hecho tres ptes/junta la vna a par dela otra enel medio delo maciço a manera de pipitas/y dela color y tez delas Castañas inxertas mondadas/τ assi proprio/que ninguna cosa le

E iiij

Mamey.

faltaria para ſer las miſmas caſtañas ſi aquel ſabor touieſſe. pero aque ſte cueſco aſſi diuidido/o pepita/es amarguiſſimo ſu ſabor como la hiel: pero ſobre aquello eſta vna telica muy delgada entre la qual τ la corte za eſta vna carnoſidad como leonada τ ſabe a melocotones τ duraznos o mejor/τ huele muy bien. y es mas eſpeſſa eſta fruta τ de mas ſuaue gu ſto que el melocoton: y eſta carnoſidad que ay deſde el dicho cueſco ha ſta la corteza/es tan grueſſo como vn dedo/o poco menos: τ no ſe puede mejorar ni ver otra mejor fruta.

⊂Guanabano.   Cap.lxiij.

EL guanabano es vn aruol muy grande y hermoſo en la viſta τ alto/τ las ramas del de rechas τ la hoja del de larga y ancha ſaciō y freſca ver dor: τ haze vnas piñas/o fruta que lo pareſce/tan grā des como melones/pero prolōgadas/τ por encima tie ne vnas labores ſotiles que pareſce que ſeñalan eſca mas/pero no lo ſon/ni ſe abren/antes çerrada en torno eſta toda cubier ta de vna corteza del gordor de caſcara de melon/o algo menos/τ de den tro eſta llena de vna paſta como manjar blanco/ſaluo que avn que eſtā eſpeſſa/es aguanoſa/τ de lindo ſabor templado cō vn agro ſuaue τ apla zible/y entre aquella carnoſidad tiene vnas pepitas mayores q̃ las de la cañafiſtola/τ de aquella color/τ quaſi tan duras/τ avn que vn hōbre ſe coma vna guanabana d̃ſtas que peſe dos o tres libras τ mas/no le ha ze daño/ni empacho/en el eſtomago/y es muy templada y de hermoſa vi ſta. ſolamente ſe dexa de comer della aquella corteza delgada que tiene τ las pepitas. τ ay algunas que ſon de quatro libras τ mas/τ ſi la tienen empeçada avn que eſte algunos dias no ſe torna de mal ſabor/ſaluo que ſe va enxugando τ conſumiendo en parte/deſtilandoſe la vmidad τ a gua della/eſtando deſcentada. τ las hormigas luego vienen a la que eſta partida: τ por eſto nunca la comiēçan ſino para acabarla/τ ay muchas deſtas guanabanas/aſſi en las yſlas como en la tierra firme.

⊂Guayaba.   Cap.lxiiij.

EL guayabo es vn aruol de buena vi ſta/τ la hoja del quaſi como la del moral/ſino que es menor/τ quando eſta en flor huele muy bien/en eſpecial/la flor de cierto genero deſtos guayabos. echa vnas mançanas mas maciças q̃ las mā çanas de aca/τ de mayor peſo avn que fueſſen de ygual tamaño/τ tienē muchas pepitas/o mejor diziendo/eſtan llenas de granitos muy chicos

Guayaba. Fo.xxxv.

y duros/pero solamente son enojosas de comer a los q̃ nueuamente las conoscen/por causa de aquellos granillos: pero a quien ya las conoçe es muy linda fruta τ apetitosa/τ por dedentro son algunas coloradas τ otras blancas: τ donde mejores yo las he visto/es en el darien/τ por aquella tierra que en parte de quantas yo he estado de tierra firme. las d̃las yslas no son tales. τ para quien la tiene en costumbre es muy buena fruta τ mucho mejor que mançanas.

⸿ Cocos. Cap.lv.

EL coco es genero de palma: τ la grã deza τ hoja dela misma manera d̃las palmas reales delos datiles/ecebto que difieren en el nascimiẽto delas hojas/porque las delos cocos/nascen en la vara dela palma dela manera que está los dedos dela mano quando con la otra mano se entretexen: τ assi está despues mas desparzidas las hojas. Estas palmas o cocos son altos aruoles/τ ay muchos dellos en la costa dela mar del sur en la prouincia del cacique/Chiman/al qual dicho cacique yo tuue cierto tiempo en encomiẽda con dozientos indios. Estos aruoles/o palmas echã vna fruta que se llama coco q̃ es desta manera. Toda junta como esta en el aruol tiene el bulto mayor mucho q̃ vna grã cabeça de vn hõbre/y d̃sde encima hasta lo de en medio/q̃ es la fruta/esta rodeada τ cubierta de muchas telas/d̃ la manera q̃ aq̃lla estopa cõ q̃ está cubiertos los palmitos de tierra en el andaluzia. digo de tierra q̃ no son palmitos de palmas altas. y de aq̃lla estopa y telas en leuante/hazen los indios telas muy buenas τ xarcias/ τ las telas/las hazẽ de tres o q̃tro maneras/assi para velas d̃los nauios como pa vestirse. τ las cuerdas delgadas τ mas gruessas τ hasta cables τ xarcias de nauios: pero en estas indias de. U.S. no curã los indios destas cuerdas y telas q̃ se puedẽ hazer dela lana destos dichos cocos/como se hazen en leuante/porq̃ tienẽ mucho algodõ τ muy hermoso sobrado. Esta fruta q̃ esta en medio dela dicha estopa como es dicho/está grãde como vn puño cerrado/τ algunos como dos τ mas y menos. y es vna manera de nuez o cosa redonda algo mas prolongada que ancha y dura/y el casco della del grossor de vn letrero de vn real/y dedentro pegado al casco d̃ aq̃lla nuez vna carnosidad d̃la anchura d̃la mitad d̃la groseza d̃l menor d̃do d̃la mano: la q̃l es blãca como vna almẽdra mõdada τ de mejor sabor q̃ almẽdras: τ de muy suaue gusto. Comese assi como se comeriã almendras mõdadas/τ despues de mascada esta fruta/q̃da alguna ciuera como d̃la almẽdra: pero si la quisierẽ tragar/no es desplazible: avn q̃ ydo el çumo por la gargãta abaxo/antes q̃ esta ciuera se tra

[69]

Cocos.

que paresce que queda aquello mascado algo aspero/pero no mucho/ni para que se deua desechar/quando el coco es fresco τ ha poco que se quito del aruol. Esta carnosidad/o fructa no comiendola τ majandola mucho τ despues coladola/se saca leche della muy mejor y mas suaue q̃ la de los ganados/y de mucha sustãcia: la qual los xp̃ianos echã enlas maçamorras q̃ hazẽ d'l mahiz/o del pã a manera de puches/o poleadas: y por causa desta leche d'los cocos son las dichas maçamorras excelẽte mãjar τ sin dar enpacho enel estomago dexã tãto contẽtamiẽto enel gusto τ tã satisfecha la hambre como si muchos mãjares τ muy buenos ouiessen comido: pero pcediendo adelãte/es d' saber q̃ por tuetano/o cuesco d' esta fructa esta enl medio della cireñdado d'la dicha carnosidad vn lugar vacuo pero lleno d' vna agua clarissima y escelẽte/τ tãta cãtidad quãta cabria dẽtro de vn hueuo/o mas/o menos segũ el tamaño d'l coco/la q̃l agua beuida es la mas sustancial/la mas excelente/τ la mas preciosa cosa q̃ se puede pensar ni beuer/y enel momento paresce q̃ assi como espassada d'l paladar:(de planta pedis vsque ad verticem)ninguna cosa ni parte queda enel hombre que dexe de sentir consolacion τ marauilloso contẽtamiẽto. Cierto paresce/cosa de mas excelencia q̃ todo lo que sobre la tierra se puede gustar/y en tanta manera q̃ no lo se encarescer ni dezir. Adelante prosiguiendo digo/q̃ aql vaso desta fructa despues de quitado del/el mãjar/q̃da muy liso/τ le limpian τ pulẽ sotilmente/y queda por de fuera d' muy buen lustre/que declina a color negro/y d' dentro d' muy buena tez: los que acostumbran beuer en aquestos vasos/y son dolientes dela hijada/dizen q̃ hallan marauilloso τ conoscido remedio contra tal enfermedad/y rompeseles la piedra alos que la tienen/y hazela echar por la orina. Todas estas cosas q̃ he dicho sumariamente aqui a. V. M. tiene aqsta fructa destos cocos. El nombre de coco se les dixo porq̃ aquel lugar por donde esta asida enel aruol aqsta fructa quitado el peçon dexa alli vn hoyo y encima de aquel tiene otros dos hoyos naturalmẽte τ todos tres viene a hazerse como vn jesto/o figura d' vn monillo/que coca: τ por esso se dixo coco. pero enla verdad como primero se dixo este aruol es especie d' palma: y segũ Plinio τ otros naturales lo escriuẽ todas las palmas son vtiles τ puechosas para esta enfermedad/d'la hijada. y d' aqui viene q̃ los cocos/como fructo de palma sean vtiles a semejante dolẽcia.

⊂Palmas.   Cap. lxvj.

Nel capitulo de suso se dixo que los cocos son genero de palmas/y por esto antes que se diga de otros aruoles/es bien que delas palmas se diga vn poco. Las

Palmas.   Fo.xxxvj.

que lleuan datiles hasta agora no se ha hallado en aquellas partes: pero por industria delos christianos/ ya ay muchas enlas yslas de sancto Domingo/o Española y enla de Cuba y san Juan τ jamayca/ assi enlas casas de morada como enlas huertas τ jardines/ que delos cuescos delos datiles que se lleuaron de aca fue su origen/o principio: y enla cibdad de sancto domingo en muchas casas las ay muy hermosas: y en vna casa en que yo biuo τ tēgo en aquella cibdad ay vna palma que cada vn año lleua mucha fruta y es muy grande y delas mas hermosas que ay en aquella tierra toda. ⁋ Pero delas palmas naturales delas yslas τ tierra firme ay siete/o ocho maneras τ diferencias dellas. Ay vnas que tienen la hoja como la delos palmitos terreros del andaluzia que es como vna palma o mano de vn hombre abiertos los dedos y estas lleuan por fruta vnas cuentas pequeñas τ redondas. ⁋ Ay otras palmas que echan la hoja como las delos datiles τ aquestas echan otra forma de cuentas mayores pero no tan duras como las que se dixo de suso. ⁋ Ay otras palmas dela misma manera de hojas τ son muy excelentes los palmitos para comer τ muy grandes τ tiernos/τ tambien lleuā cuētas. ⁋ Ay otras palmas que tambien son muy buenos los palmitos para comer y son algo mas baxas y mas gruessas que las suso dichas y lleuan assi mismo cuentas. ⁋ Ay otras palmas altas y de buenos palmitos y lleuan por fruta vnos cocos no mayores que las azcytunas cordouesas/ y son como el coco sin la estopa sino solo el cuesco con los tres agujerillos que le hazen parescer mono cocando. pero son aquestos cocos menudos τ macizos/τ no siruē de nada. ⁋ Ay otras palmas altas τ muy espinosas las quales son dela mas excelente madera que puede ser y es muy negra la madera τ muy pesada y de lindo lustre/y no se tiene sobre agua esta madera que luego se va alo hondo/hazese della muy buenas saetas τ virotes/τ qualesquiera astas de lanças/o picas/y digo picas porq̄ enla costa del Sur delante de Esquegua y vrraca traen los indios picas de aq̄stas palmas muy hermosas τ luengas/y donde pelean los indios con tiraderas las hazen desta madera tan luēgas como dardos/τ aguzadas las puntas con que tiran τ passan vn hombre y vna rodela: τ assi mismo hazen macanas para pelear y qualquiera asta o cosa que se haga desta madera es muy hermosa/y para hazer cimbalos o vihuelas/o qualq̄r ynstrumento de musica q̄ se requiera madera es muy gentil porque demas de ser muy durissima/es tan negra como vn buen azauache. ⁋ Donde vsan los idios picas

Pinos.   Cap.lxvij.

Pinos.

Y enla ysla Española pinos naturales como los de españa/q̃ no lleuan piñones/τ dela misma manera son aquellos. y en otra parte dlas yslas τ tierra firme yo no he oydo que los aya/alo que se me puede acordar al presente.

¶ Enzinas.   Cap. lviij.

A la costa dela mar del Sur al occidente/partiendo de Panama/y delante dela prouincia de Esquegna se han hallado muchas enzinas τ lleuã vellotas τ son buenas de comer. Lo qual en tierra firme yo. oy/y me informe delos mismos christianos que lo vieron y comieron delas dichas vellotas.

¶ Parras y huuas.   Cap. lix.

En aquellas partes de tierra firme por los Montes τ Bosques de aruoledas se hallan muchas vezes muy buenas parras saluajes/τ muy cargadas de huuas τ razimos de ellas/ no muy menudas sino mas gruessas que las que en España nacen enlos sotos/τ no tã agras sino mejores y de mejor sabor τ yo las he comido muchas vezes y en mucha cantidad: de q̃ quiero inferir/q̃ se haran muy bien las viñas τ parrales en aquellas partes queriendose dar a ellas: y todas las que yo he visto y comido destas huuas son negras. En santo Domingo he comido yo muy buenas huuas delas que se han hecho en parras lleuados los sarmientos de España/ blancas τ gruessas y de tan buen sabor como aca.

¶ Delos higos del mastuerzo   Ca. lx.

A la costa del poniente partiendo dela villa d' Acla. y passando adelãte del golpho de sant Blas y del puerto del nombre de dios/la costa abaxo en tierra d' Veragua y enlas yslas de Corobaro/ay vnas higueras altas τ tienẽ las hojas trepadas τ mas anchas q̃ las higueras de España: y lleuã vnos higos tan grandes como melones pequeños/los quales nascen pegados enel tronco principal dela higuera enlo alto della/τ muchos dellos enlas ramas y en cantidad τ tienen la corteza o cuero delgado τ todo lo de mas es de vna carnosidad espessa como la del melõ y de buẽ sabor/τ cortasse a reuanadas como el melon: y enel medio del dicho higo /o fruto tienẽ las pepitas: las quales son menudas y negras y embueltas en vna ma-

Higos del mastuerço.   Fo.xxxvij.

nera de materia τ vmoz dela forma q̃ lo está las delos mēbzillos/τ son tãta cãtidad como vn bueuo d̃ gallina/poco mas o menos/segũ la cãtidad
del higo/o fruta desuso expssada:τ aq̃llas pepitas se comē τ son sanas/pe-
ro del mismo sabor/ni mas ni menos q̃l mastuerço. E por esto los q̃ por a-
q̃llas ptes andamos siruiẽdo a. C. S. llamamos esta fruta los higos d̃l
mastuerço:dela q̃l simiẽte se ha puesto enel Dariẽ τ se hizierõ estas higueras muy biẽ τ yo comi muchos higos dstos τ sõ d̃la mãera q̃ lo he dicho.

⊂Membrillos.   Cap.lxxj.

Y vnas frutas q̃ en tierra firme los
xp̃ianos las llamã mēbzillos/pozno lo son/mas son de aq̃l tamaño y redõdos y amarillos/y la cozteza tienẽ la v̄de τ amar-
ga/τ quitãsela τ hazẽ los q̃rtos τ sacanles ciertas pepitas q̃ tienē amar-
gas/τ lo demas echãlo enla olla a cozer cõ la carne/o sin ella cõ otras cosas que quierẽ guisar τ son muy buenos τ substãciales τ de buen sabor τ
mantenimiento/τ los aruoles en que nacen son no grandes/τ tienẽ mas
semejança de plantas que de aruoles:τ ay mucha cantidad dellos:τ la
hoja es quasi dela manera dela hoja delos membrillos de españa.

⊂Perales.   Cap.lxxij.

En tierra firme ay vnos aruoles q̃ se
llamã perales/po no son perales como los de españa: mas son
otros de no menos estimaciõ/antes son de tal fruta q̃ hazē mucha vẽtaja alas peras de aca. Estos son vnos aruoles grãdes/τ la hoja
ancha τ algo semejãte ala d̃l laurel/po es mayor y mas verde. Echa este
aruol vnas peras d̃ peso d̃ vna libra τ muy mayores τ algũas de menos
pero comũmẽte son de a libra/poco mas o menos/y la color τ talle es de
verdaderas peras/τ la corteza algo mas gruessa/po mas blãda/y enel
medio tiene vna pepita como castaña inxerta mõdada: po es amarguis
sima/segũ atras se dixo d̃l mamey/saluo q̃ esta es de vna pieça y la d̃l mamey de tres/po es assi amarga y dela misma forma/y encima desta pepita ay vna telica delgadissima/y entre ella τ la corteza primera/esta lo q̃
es de comer:q̃ es harto/τ de vn licor/o pasta/q̃ es muy semejãte a mãteca
y muy buẽ mãjar/y de buẽ sabor τ tal q̃ los q̃ las puedẽ auer las guardã
y p̃cian:τ son aruoles saluajes:assi este como todos los q̃ son dichos/por
q̃ el principal ortolano es dios/τ los indios no ponẽ enestos aruoles tra-
baio ninguno. Cõ q̃ sõ sabe muy bien estas peras:τ cogẽse tẽpzano antes
que maduren y guardãlas/y despues de cogidas se sazonan τ ponen en
toda perficion para las comer:pero despues que estan quales conuiene

f.

Perales.

para comerse/pierdense si las dilatan τ dexan passar aquella sazon en que estan buenas para comerlas.

¶Higuero.   Cap.lxxiij.

El higuero es vn aruol mediano τ algunos grādes/segun dōde nascen/y echan vnas calabaças redondas/q̃ se llamā bigueras/delas quales hazen vasos para beuer como taças y en algunas partes dʼ tierra firme las hazē tā gētiles τ tan biē labradas τ dʼ tā lindo lustre/q̃ puede beuer cō ellas ālquier grā principe: y les ponē sus asideros dʼ oro τ son muy limpias τ sabe muy biē enellas el agua/τ son muy necessarias τ vtiles para beuer porque los indios enla mayor parte de tierra firme no tienen otros vasos.

Hobos.   Cap.lxxiiij.

Los hobos son aruoles muy grādes τ muy hermosos τ dʼ muy lindo ayre τ sombra muy sana/τ ay mucha cātidad dellos: τ la fruta es muy buena τ de buē sabor τ olor y es como vnas ciruelas pequeñas amarillas pō el cuesco es muy grāde τ tienen poco q̃ comer τ son dañosos para los dientes q̃ndo se vsan mucho. Por causa de ciertas briznas q̃ tienē pegadas al cuesco por las quales passan las encias quādo quiere hombre despegar dellas lo q̃ se come desta fruta. Los cogollos dellos/ echados enel agua coziēdola co nellos es muy buena para hazer la barua/τ lauar las piernas/τ dʼ muy buē olor: y las cascaras/o cortezas deste arbol cozidas τ lauādo las piernas cōel agua aprieta mucho τ quita el cāsancio/τ marauillosa τ palpablemente es vn muy excelente τ salutifero vaño: y es el mejor aruol q̃ en aq̃llas ptes ay para dormir debaxo del/τ no causa ninguna pesadūbre ala cabeça como otros aruoles: τ como en aq̃lla tierra los xp̄ianos acostumbrā andar mucho al campo/esta esto muy puado/y luego q̃ hallan hobos cuelgan debaxo dellos sus hamacas/o camas para dormir.

¶Del palo santo: al qual los indios llaman Guayacan.   Cap.lxxv.

Assi enlas indias como enestos reynos dʼ España τ fuera dʼllos/es muy notorio el palo sc̄ō q̃ los indios llamā guayacā/y por esto dire dʼl algūa cosa cō breuedad/este es vn arbol poco menor: q̃ nogal τ ay muchos dʼstos arboles τ muchos bosq̃s llenos dʼllos

Guayacan. Fo.xxxviij.

assi enla yſla Eſpañola como en otras yſlas de aquellas mares/pero en tierra firme yo no le he viſto ni he oydo dzir que aya eſtos arboles. Eſte arbol tiene la corteza toda manchada de verde τ mas verde/τ pardillo/ como ſuele eſtar vn cauallo muy houero/o muy manchado: la hoja del es como de madroño/pero es algo menor τ mas verde/y echa vnas coſas amarillas pequeñas por fruto/que pareſcen dos Altramuzes junto el vno al otro por los cantos. Es madero muy fortiſſimo τ peſado τ tiene el coraçon quaſi negro ſobre pardo/τ porque la principal virtud deſte madero es ſanar el mal delas buas/y es coſa tā notoria no me detēgo mucho enello/ſaluo q̃ del palo dl tomā aſtillas dlgadas/τ algunos lo hazen limar τ aquellas limaduras cuezenlas en cierta cantidad de agua τ ſegun el peſo/o parte que echañ deſte leño a cozer/y deſque ha deſinenguado el agua enel cozimiento las dos partes/o mas quitanla del fuego τ repoſaſſe y beuenla los dolientes ciertos dias por las mañanas en ayunas τ guardan mucha dieta: y entre dia han de beuer de otra agua cozida cōel dicho Guayacā τ ſanā ſin ninguna duda muchos enfermos de aqueſte mal/pero porque yo no digo aqui tan particularmente eſta manera de como ſe toma eſte palo o agua del/ſino como ſe haze en la india donde es mas freſco/el que touiere neſceſſidad deſte remedio no ſe cure por lo que yo aqui eſcriuo/porque aca es otra tierra y temple de ayres y es mas fria region τ conuiene guardarſe los dolientes mas τ vſar de otros terminos/pero es tan vſado τ ſaben ya muchos como aca ſe ha de hazer y de aquellos tales ſe informe quiē tuuiere neceſſidad de curarſe/ſolamente ſabre yo aprouechar en conſejar al que quiſiere eſcojer el mejor Guayacan que lo procure dla yſla Beata. Puede. V. Mageſtad tener por cierto que aqueſta enfermedad vino delas Indias y es muy comun a los Indios/pero no peligroſa tanto en aquellas partes como en eſtas/antes muy facilmente los indios ſe curā en las yſlas con eſte palo/y en tierra firme con otras yeruas/o coſas que ellos ſaben/porq̃ ſon muy grandes eruolarios. La primera vez que aqueſta enfermedad en Eſpaña ſe vido fue deſpues quel Almirāte don Chriſtoual colom deſcubrio las Indias τ torno a eſtas partes/y algunos Chriſtianos dlos que cōel vinieron que ſe hallaron en aquel dſcubrimiento/y los que el ſegūdo viaje hizieron/que fueron mas/truxeron eſta plaga/τ dellos ſe pego a otras perſonas: τ deſpues/el año de Mil y quatro cientos τ nouenta τ cinco/que el gran capitan don Gonçalo fernandez de Cordoua paſſo a ytalia con gente en fauor del rey don Fernando jouen de napoles cōtra el rey Charles de Francia el dla cabeça grueſſa por mādado delos Catholicos reyes don Fernando τ doña yſabel de inmortal memoria abuelos de. V.S.M. paſſo eſta enfermedad con algunos de aquellos Eſpa=

F ij

Guayacan.

ñoles y fue la primera vez que en ytalia se vido: y como era en la sazon q̃ los frãcceses passarõ cõ el dicho rey Charlo/llamarõ a este mal/los yta lianos/el mal frãces:y los frãceses le llamã el mal d' Napoles/porq̃ tã poco le auiã visto ellos hasta aq̃lla guerra/y d' ay se d' sparzio por toda la xp̃iãdad y passo en Africa/por medio d' algũas mugeres y hõbres toca dos desta enfermedad/porq̃ d' ningũa manera se pega tãto como d'l ayũ tamiẽto de hõbre a muger como se ha visto muchas vezes/y assi mismo de comer en los platos/y beuer en las copas/y taças q̃ los enfermos d'ste mal vsan/y mucho mas en dormir en las sauanas y ropa/do los tales a- yã dormido/y está graue y trabajoso mal q̃ ningũ hombre q̃ tẽga ojos puede dexar de auer visto mucha gente pdida y tornada d' san Lazaro a causa d'sta dolẽcia:y assi mismo hã muerto muchos della y los xp̃ianos q̃ se dã ala cõuersaciõ y ayuntamiẽto delas indias/pocos ay q̃ escapẽ d' ste peligro/po como he dicho no es tã peligroso alla como aca/assi porq̃ alla este aruol es mas puechoso/y fresco/haze mas opacion/como porq̃ el temple d'la tierra es sin frio y ayuda mas alos tales enfermos q̃ no el ayre y cõstelaciones d' aca. Dõde mas excelẽte es este aruol para este mal y por espiriẽcia mas puechoso/es q̃ se trae de vna ysla q̃ se llama la Bea ta/que es cerca dela ysla de santo Domingo dela Española ala vanda del medio dia.

⸿Xagua.   Cap.lxxvj.

Ntre los otros aruoles q̃ ay en las in dias assi en las yslas como en la tierra firme ay vna natura de aruol q̃ se dize xagua/d'l qual genero ay mucha cãtidad de ar uoles. Son muy altos y derechos y hermosos en la vista/y hazẽse dellos muy buenas astas de lanças tã luengas y gruessas como las quierẽ/y son de linda tez y color: entre pardo y blãco. Este aruol echa vna fruta tan grande como dormideras/y q̃ les quiere mucho parescer/y es bue na de comer quando esta sazonada: dela qual fruta sacan agua muy cla ra/con la qual los indios se lauan las piernas y a vezes toda la persona quando sienten las carnes relaxadas/o floxas/y tãbien por su plazer se pintã con esta agua la q̃l demas de ser su propria virtud apretar y restri gir/poco a poco se torna tan negro todo lo que la dicha agua ha tocado como vn muy fino azauache o mas negro:la qual color no se quita sin q̃ passen doze o q̃nze dias/o mas:y lo que toca en las vñas hasta q̃ se mudã o cortãdolas/poco a poco como fuere creciẽdo/si vna vez se dexa parar bien negro. Lo qual yo he muy biẽ puado/porq̃ tãbiẽ los q̃ por aq̃llas partes andamos a causa d'los muchos rios q̃ se passã/es muy puechosa

Xagua.   Fo.xxxix.

la dicha xagua pa las piernas dsde las rodillas abaxo. sueleſe hazer mu
chas burlas a mugeres rociādolas dſcuydadamēte cō agua dſta xagua
mezclada cō otras aguas olorosas/ τ saleſles mas lunares dlos q̄ rriā/
τ la q̄ no ſabe de q̄ causa/ponela en cōgoxa d buscar remedios/todos los
q̄les son dañosos o aparejados mas/para se q̄mar/o dſſollar el roſtro q̄
no pa guarescerle/haſta q̄ haga su curso/τ poco a poco por si mesma se
va ya desbaziēdo aq̄lla tinta. Quādo los indios hā de yr a pelear/se pin
tan coneſta xagua/τ con bixa/que es una cosa a manera de almagre/pe
ro mas colorada/τ tambien las indias usan mucho deſta pintura.

¶Mãçanas de la yerua. Ca. lxxvij

As mãçanillas de q̄ los indios cari
bes frecheros hazē la yerua/q̄ tirā cō sus frechas/naçē en unos aruoles
copados d muchas ramas y hojas/y espeſſos τ muy verdes/τ cargā mu
cho dſta mala fruta/τ son las hojas semejātes a las dl peral/eccepto q̄ son
menores y mas redōdas. La fruta es dla manera dlas peras moscare-
las de Secilia/o d Napoles al pareçer/y el talle τ tamaño segū las cerme
ñas/de talle de peras peq̄ñas/y en algūas ptes eſtā mãchadas de roxo/
τ son de muy suaue olor: eſtos aruoles por la mayor parte siēpre naçen y
eſtā en las coſtas dla mar/τ jūto al agua dlla: τ ningū hōbre ay q̄ los vea
q̄ no cobdicie comer muchas peras/o mãçanillas deſtas. De aq̄ſta fruta
y dlas hormigas grādes/q̄ causan los encordios de q̄ atras se dixo/y de
biuoras τ otras cosas pōçoñoſas hazē los idios caribes frecheros la yer
ua cō q̄ matā cō sus saetas/o frechas: τ naçe como he dicho eſtos māça
nos cerca dl agua dla mar/y todos los xpianos q̄ en aq̄llas ptes siruē a
V. M. piēsan q̄ nigū remedio ay tal pa el herido deſta yerua como el a-
gua dla mar/τ lauar mucho la herida cōella/y dſta manera hā escapa
do algūos po muy pocos/porq̄ en la verdad avn q̄ eſta agua dla mar sea
la cōtra yerua/si por caso lo es/no se ſabe avn usar dl remedio ni baſta a
gozarlos xpianos le alcāça/τ de cinqnta q̄ hierā no escapā tres. po para q̄
mejor pueda. V. M. cōſiderar la fuerça dla pōçoña dſtos aruoles/digo/
q̄ solamēte echarse vn hōbre poco espacio de ora a dormir ala sombra d
vn māçano dſtos/quādo se leuāta tiene la cabeça τ ojos tā hinchados q̄
se le jūtan las cejas cō las mexillas: τ ſi por caso cae vna gota/o mas del
rocio dſtos aruoles en los ojos los quiebra/o alomenos los ciega. No se
podria dzir la peſtilēcial natura dſtos aruoles/dlos q̄les ay aſſaz copia
desde el golpho de vraba/en la coſta del norte ala vāda del poniēte/o del
leuāte/y tātos q̄ son sin numero. y la leña dllos quādo arde no ay quien
la pueda sofrir/porq̄ en cōtinēte da muy grandiſſimo dolor de cabeça.

f iij

¶ Aruoles grandes.   Cap. lxxviij.

E tierra firme ay tan grandes aruo les que si yo hablasse en parte que no ouiesse tantos testigos de vista/con temor lo osaría dezir. Digo que a vna legua del Darien o cibdad de scã Maria del antigua passa vn río harto ancho τ muy hondo que se llama el Cuti τ los Indios tenía vn aruol gruesso atrauessado de parte a parte/que tomaua todo el dicho río/por el qual passaron muchas vezes algunos que en aquellas partes han estado que agora estan en esta corte/τ yo assi mismo. El ql era muy gruesso τ muy luengo τ como dias auia que estaua alli/ yua se abaxando enel medio dl/τ avnque passauan por encima/era en vn trecho del/dado el agua cerca dela rodilla. Por lo qual agora tres años enel año de. M. d. xxij. seyendo yo justicia por. C. M. en aquella cibdad hize echar otro aruol poco mas baxo del suso dicho/ que atrauesso todo el dicho río τ sobro dela otra parte mas de cincuenta pies/ τ muy gruesso τ quedo encima del agua mas d dos codos τ al caer que cayo derribo otros aruoles τ ramas delos q estauã del otro cabo y descubrio ciertas parras delas que atras se hizo mencio de muy buenas huuas negras delas quales comimos muchas/mas de cincuenta hombres q alli estauamos. Tenia este aruol por lo mas gruesso del mas de diez τ seys palmos/yo a respecto de otros muchos que en aquella tierra ay/era muy delgado/porque los indios dela costa τ puincia de Cartajena hazen Canoas q son las varcas en que ellos nauegan tan grãdes que en algunas van ciento/τ ciẽto τ treynta hõbres y son de vna pieça τ aruol solo: y de traues al ancho dellas/cabe muy holgadamente vna pipa o bota quedando a cada lado dlla lugar por do pueda muy biẽ passar la gente dela canoa. E algunas son tan anchas q tienen diez τ doze palmos de ancho: τ las traen τ nauegan con dos velas/q son la maestra y dl triquete. Las quales velas ellos hazen de muy buen algodon. ¶ El mayor aruol que yo he visto en aquellas partes ni en otras/fue en la prouincia de Huaturo/el Cacique dela qual estando rebelado dela obidiencia y seruicio de. C. M. yo fuy a buscarle y le pndi/τ passando cõ la gẽte q comigo yua por vna sierra muy alta τ muy llena de aruoles/en lo alto della topamos vn aruol entre los otros/ q tenia tres

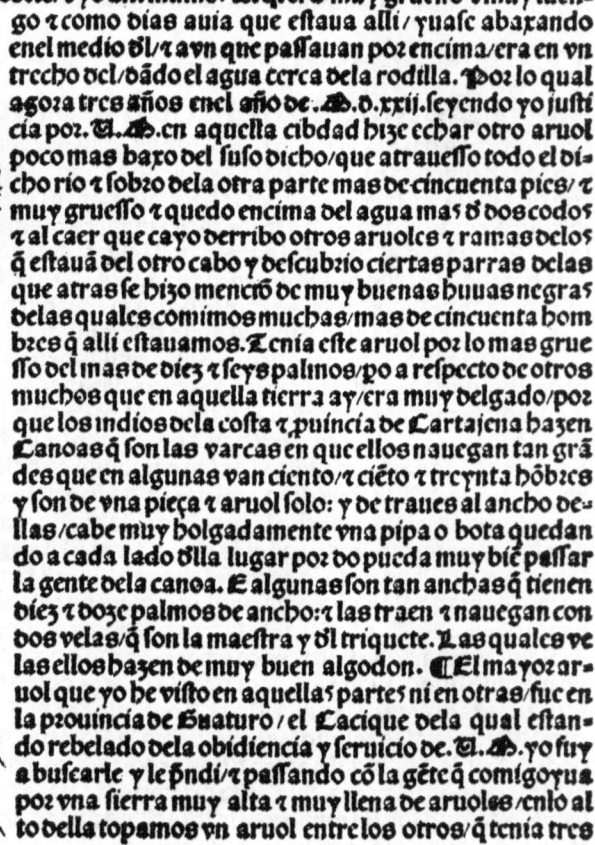

Aruol grande. Fo. xlj.

rayzes/o partes del/en triangulo a manera de treuedes/τ dexaua entre cada vno destos tres pies abierto mas espacio de veynte pies/τ tan alto que vna muy ancha carreta y en varada/dela manera que eneste reyno de Toledo las enuaran al tiempo que cojen el pan cupiera muy holgadamente por qualquiera de todas tres lumbres/o espacio que quedaua de pie a pie: y enlo alto de tierra mas espacio que la altura de vna lança de armas se juntauan todos tres palos/o pies y se resoluian en vn aruol/o tronco/el qual subia muy mas alto en vna pieça sola antes que del partiesse ramas/que no es la torre de san roman de aquesta cibdad de Toledo: y de aquella altura arriba/echaua muchas ramas grandes. Algunos Españoles subieron por el dicho aruol τ yo fuy vno dellos/y desde a donde llegue por el/que fue hasta cerca de donde començaua a echar braços/o las ramas/era cosa de marauilla ver la mucha tierra que desde alli se parescia hazia la parte dla prouincia de Abrayme. Tenia muy buen subidero el dicho aruol porque estauan muchos Bexucos rodeados al dicho aruol/que hazian enel muy seguros escalones. Seria cada pie destos tres/sobre que dixe q̃ nascia/o estaua fundado este aruol/mas gruessos que veynte palmos: y despues que todos tres pies enlo alto se juntauan en vno/aquel principal era de mas de quarēta τ cinco palmos en redondo. yo le puse nombre a aquella montaña/la Sierra del aruol delas treuedes. Esto que he dicho vido toda la gente q̃ comigo yua quādo como dicho es yo prendi al dicho Cacique de guaturo el año de. M. D. xxij. Muchas cosas se podrian dezir enesta materia/τ muy excelentes maderas ay/y de muchas maneras τ diferencias/assi como cedros de muy buen olor/τ palmas negras/τ mangles τ de otras muchas suertes τ muchos dellos tan pesados que no se sostienen sobre el agua τ se van alo hondo della. τ otros tan ligeros que el corcho no lo es mas. Solamēte lo q̃ a esta parte toca no se podria acabar de escreuir en muchas mas hojas que todo lo que desta relacion o sumario esta escrito. Y porque la materia es d aruoles antes que passe a otras cosas quiero dzir la manera de como los indios con palos/encienden fuego donde quiera que ellos lo quieren hazer/y es de aq̃sta manera/toman vn palo tan luego como dos palmos τ tan gruesso como el mas delgado dedo dela mano/o como es vna saeta τ muy bien labrado τ liso/de vna madera muy fuertē que ya ellos tienē para aquello/τ donde se paran para encender la lumbre/toman dos palos delos secos τ mas liuianos q̃ hallan por tierra/τ muy juntos el vno a par dl otro como los dedos apretados y entre medias delos dos/ponen de punta

f iiij

❡ Nota diferētes maneras de aruoles y maderas.

❡ La manera d̃ como los indios encienden lūbre.

Diuersas cosas.

aquel palillo rezio/τ entre las palmas tuercen rezio frotando muy continuadamente/τ como lo baxo deste palillo esta ludiendo ala redonda en los dos palos baxos que estan tendidos en tierra/se encienden aquellos en poco espacio de tiempo/y desta manera hazen lumbre. ¶Assi mismo es bien que se diga lo que ala memoria ocurre/de ciertos leños que ay en aquella tierra: τ avn en España algunas vezes se hallan/y estos son vnos troncos podridos delos que ha mucho tiempo que esta caydos por tierra/que estan lijerissimos y blancos/τ reluzen de noche propriamente como brasas biuas: τ quando los españoles hallan destos palos τ van de noche a entrar a hazer la guerra en alguna prouincia/y les es necessario andar alguna vez de noche por parte que no se sabe el camino/toma el delantero christiano que guia/τ va junto al indio que les enseña el camino/vna astilla de este palo τ ponesela enel bonete/de tras/sobre las espaldas/y el que va tras aquel siguele atinando τ viendo la dicha astilla que assi reluze/τ aquel segundo lleua otra/tras el qual/va al tercero/ τ desta manera todos las lleuan τ assi ninguno se pierde ni aparta del camino que lleuan los delateros. E como quiera que esta lumbre/o resplandor: no paresce del muy lexos/es vn auiso muy bueno τ que por el no son descubiertos ni sentidos los christianos ni los pueden ver desde muy lexos. ¶Una muy gran particularidad se me ofresce/de que Plinio/en su natural istoria haze espressa mencion/y es que dize/que aruoles son aquellos que siempre estan verdes τ no pierden jamas la hoja assi como el laurel/y el cidro/τ naranjo/τ oliuo/y otros en que por todos dize basta cinco o seys. A este proposito digo/que enlas yslas τ tierra firme seria cosa muy dificil hallar dos aruoles que pierdan la hoja en algun tiempo/porque a vn que he mirado mucho enello ninguno he visto ni me acuerdo que la pierda ni de aquellos que se han lleuado de España/assi como naranjos/τ limones τ cidros/τ palmas/τ granados/τ todos los de mas de qualquier genero que sean/ecebto el cañafistolo/que este la pierde τ tiene otro estremo mas/enlo qual/es solo/que assi como todos los aruoles τ plantas enlas indias echan sus rayzes en obra/o cantidad de vn estado en hondo τ algo menos/o muy poquito mas/dela superficie de la tierra/y de alli adelante no passan/por la calor/o dispusicion contraria que enlo mas hondo delo que es dicho hallan: el cañafistolo no dexa de entrar mas abaxo τ no para hasta tocar enel agua. Esto no lo haze otro aruol alguno ni planta en aquellas partes/y esto baste quanto alo que toca alos aruoles/porque como dicho es/es cosa para se poder esteder la pluma y escreuir vna muy larguissima istoria.

¶ Ciertos leños que reluzen como fuego/o lumbre/q̃ vsan los xp̃ianos quãdo van a entrar de noche/para no se pder los vnos delos otros.

¶ Que no pierden los aruoles la hoja enlas indias: en ningun ṫiẽpo: eccbto el arnol dela caña fistola.

¶ Solo el arnol dela cañafistola enlas indias/alcança con las rayzes al agua.

¶Delas cañas. Cap.lxxix

Cañas.   Fo. xlj.

He querido poner enel capitulo antes deste lo que aqui se dira delas cañas/ni las quiero mezclar con las plantas/porque es cosa mucho de notar y mirar particularmente. En tierra firme ay muchas maneras de cañas/y en muchas partes hazen casas/y las cubren cõ los cogollos dellas/y hazen las paredes delas mismas como atras se dixo/pero entre muchas maneras de cañas ay vna/de vnas que son grossissimas y de tan grãdes cañutos como vn muslo de vn hombre gruesso/y de tres palmos y mucho mas d̃ luengo/y que pueden caber mas de vn cantaro de agua cada cañuto/y ay otras de menos grosseza y del tamaño que los quieren y hazen muy buenos carcajes para traer las saetas enlos cañutos dellas. Pero vna manera de cañas ay en tierra firme que son cosa de mucha admiraciõ: las quales son tan gruessas o algo mas que astas de lãças ginetas/y los cañutos mas luengos que dos palmos/y nascen lexos vnas de otras/y acaesce hallar vna o dos ollas d̃ssuiadas la vna de otra.xx. y treynta passos y mas y menos/y no hallar otra a vezes en dos o tres/o mas leguas/y no nascen en todas prouincias/y siempre nascen cerca de aruoles muy altos/alos quales se arriman y suben por encima delas ramas dellos/y tornã para abaxo hasta el suelo/y todos los cañutos destas tales cañas/estan llenos de muy buena y excelente y clara agua sin ningun resabio de mal sabor dela caña/ni de otra cosa/mas que si se cojesse dela mejor fuente del mundo/y no se halla auer hecho daño a ningũo que la beuiesse. Antes muchas vezes andãdo por aquellas partes los christianos en lugares secos que faltãdoles el agua se veen en mucha necessidad della y a punto de perescer de sed topando estas cañas son socorridos en su trabajo/y por mucha que della beuan ningun daño les hazẽ: y como las hallan hazen las troços/y cada compañero lleua dos o tres cañutos/o los que puede o quiere/en que para seguir su jornada lleua vna o dos açumbres de agua/y avn que la lleuen algunas jornadas y luego camino va fresca y muy buena.

⁋Delas plantas y yeruas.   Ca. lxxx.

Pues la breuedad de mi memoria ha dado conclusion alo que delos aruoles me he acordado/passemos alas plantas y yeruas que en aquellas partes ay. Delas q̃ tienen semejança alas de españa/enla facion/o enel sabor/o en alguna particularidad se dira con pocas palabras enlo que tocare a tierra firme: porque enlo delas yslas españiola y las otras que estan conqui

De las plantas y yeruas.

[s]tadas, assi de aruoles como de plantas y yeruas delas que se lleuaron de España/a tras queda dicho, y de todas aquellas/o las mas dllas ay assi mismo en tierra firme/assi como naranjos agros y dulces/y limones y cidros y todas ortalizas/y melones muy buenos, todo el año/y alba haca/la qual no lleuada de España/pero natural de aquella tierra por los montes y en muchas partes la hallá/y assi mismo yerua mora/y verdolagas/estas tres cosas ay alla y son naturales de aquella tierra y en facion y tamaño y sabor y olor y fruto/son como en Castilla. Pero demas destas ay mucho mastuerço saluaje que enel sabor/es ni mas ni menos que el de España/pero la rama es gruessa y mayor y las hojas grandes É assi mismo ay culantro/muy bueno y como el de aca enel sabor/pero muy diferente enla hoja/la qual es muy ancha y por ella algunas espinas muy sotiles y enojosas/pero no tanto que se dexe de comer. E ay assi mismo trebol del mismo olor que el de España/pero de muchas hojas y mas hermosa rama y la flor blanca/y las hojas luengas y mayores que las del laurel o tamañas. ⁋Ay otra yerua quasi del arte dela correbue la/saluo que es mas sotil/en rama y mas ancha/comunmente la hoja y llamasse. y. Hazesse a montones/o amontonada/a manchas/la qual es para los puercos muy apetitosa y desseada y engordan mucho con ella y los christianos se purgan con ella/y es muy excelente y se puede dar esta purgacion a vn niño/o a vna muger preñada/porq̃ no es para mas de tres o quatro vezes/retraerse el que la toma: la qual majan mucho y aquel çumo della cuelanlo/y porque pierda algo de aquel verdor echan le vn poco de açucar/y beuen vna pequeña escudilla della en ayunas/pero no amarga y avn que no le echen açucar/o miel se puede muy bien beuer/ni todas las vezes los christianos tienen açucar para se la echar/y a todos los que la toman aprouecha/y la loã. Lo qual algunos no haze las auellanas/en las quales pues a consequencia del purgar me acorde dellas/no deue tener todo hombre seguridad/porque a algunas personas he visto a quien ningun prouecho ha hecho/ni les ha hecho purgar y a otros estomagos hazen tanta corrupcion que los ponen en estremo/ o matan/y por su violencia ha de auer mucha consideracion y tiento en las tomar. Aquestas nacen en la española y otras yslas y en tierra firme yo no las he visto ni he oydo hasta agora que las aya. Son vnas plãtas que parecen quasi aruoles y hazen vnos fluecos colorados amontonados/o que salen de vn principio como los granos del hinojo/y en aquellas se hazen las auellanas/a las quales sabẽ y parecen enel sabor y avn mejor. En España ay mucha noticia dellas y muchos las buscan y se hã llan bien con ellas. ⁋Ay otras plantas que se llaman Ajes/y otras que se llaman Batatas y las vnas y las otras se siembran d̃ la propria rama

⁋Melões muy buenos todo el año.
⁋Albahaca.
⁋Yerua mora.
⁋Verdolagas.

⁋Mastuerço.

⁋Culantro.

⁋Trebol.

⁋y.

⁋Purganse cõ esta yerua. y.

⁋Auellanas pa ra purgar.

⁋Ajes.
⁋Batatas.

Plantas y yeruas. Fo. xlij.

la qual y las hojas tienen quasi como correhuela/o yedra tendidas por tierra y no tan gruessa como la yedra la hoja: y debaxo de tierra nascen vnas maçorcas como nauos/o çanahorias: los ajes tiran a vn color como entre morado azul y las batatas mas pardas: y assadas son excelente y cordial fruta assi los ajes como las batatas: pero las batatas son mejores. ⁋Ay assi mismo melones que siembran los indios y se hazen tan grandes que comunmente son de media arroba y de vna/y mas/y tan grandes algunos que vn indio tiene que hazer en lleuar vno acuestas: y son maciços y por dedentro blancos y algunos amarillos y tienen gentiles pepitas quasi dela manera delas calabaças/ y guardalos para entre el año/y lo tienen por muy principal mantenimiento/ y son muy sanos y comese cozidos a manera de cachos de calabaças y son mejores que ellas. ⁋Calabaças y verenjenas de España ay muchas que se han hecho dla simiente delas que se lleuaron de España/pero las verenjenas acertaron en su tierra y esles tan natural como alos negros Guinea: porque vn pie de vna verejena muchas vezes se haze tan grande como vn estado y mucho mas y comunmente son las matas dellas mas altas q̃ basta la cinta y dan verenjenas todo el año en vn mismo pie/o planton della/sin la mudar/y las q̃ estan pequeñas/oy cojenlas adelante y nascen otras y assi prosiguiendo de cõtino dan fruto/y lo mismo haze en aq̃lla tierra los narãjos y higueras. ⁋Ay vna fruta q̃ se llamã piñas q̃ nasce en vnas plãtas como cardos/o manera delas cauiras/d́ muchas peças/pero mas delgadas q̃ las dla cauira y mayores y espinosas: y d́ en medio dla mata nace vn tallo tã alto como medio estado poco mas o menos/y gruesso como dos d́dos y encima del vna piña gruessa poco menos q̃ la cabeça d́ vn niño/algunas/pero por la mayor parte menores/y llena de escamas por encima mas altas vnas q̃ otras como las tienen las delas piñones/pero no se diuiden ni abren/sino estase enteras estas escamas en vna corteza del grossor dla dl melõ: y quãdo esta amarillas q̃ es dende a vn año q̃ se sembraron/ estã maduras y para comer/y algunas antes: y enel peçon dellas algũas vezes les nasce a estas piñas vno o dos cogollos y continuamente vno encima en la cabeça dela dicha piña: el qual cogollo no hazen sino ponerle debaxo de tierra y luego prende/y enel espacio d́ otro año hazese de aquel cogollo/otra piña assi como es dicho/y aquel cardo en que la piña nasce/despues que es cogida no vale nada ni da mas fruto: y estas piñas ponen los indios y los christianos quando las siembran a carreras y en orden como cepas de viñas: y huele esta fruta mejor que melocotones y toda la casa huele por vna o dos ollas/y es tan suaue fruta/que creo q̃ es vna delas mejores del mundo/y de mas lindo y suaue sabor y vista: y parescen enel gusto como Melocotones que mucho sabor tengan de Duraz

⁋Melones grãdes de los naturales dlas indias

⁋Calabaças.
⁋Verengenas.

⁋Piñas.

[83]

Plantas z yeruas.

nos:y es carnosa como el durazno saluo que tiene briznas como el cardo/pero muy sotiles: mas es dañosa quando se continua a comer para los dientes: y es muy çumosa/y en algunas partes los indios hazen vino dellas/y es bueno/z son tan sanas q̃ se dan a dolientes/z les abre mucho el apetite alos q̃ tienē bastio z perdida la gana del comer. ⁋Unos aruoles ay enla ysla española espinosos: q̃ al parescer ningun aruol ni planta se podria ver de mas saluajez/ni tan feo/ z segū la manera dellos yo no me sabria determinar ni dezir si son aruoles/o plantas/hazē vnas ramas llenas de vnas pencas anchas z difformes o de muy mal parescer: las quales ramas primero fue cada vna vna penca/como las otras y de aq̃llas endurescie ̃dose z alongandose sale las otras pencas: finalmente es de manera q̃ es dificultoso de escriuir su forma: z para darse a enten der seria necessario pintarse paraque por medio dela vista se coprehen diesse lo que la lengua falta en esta parte. para lo q̃ es bueno este aruol o planta es que majando las dichas pencas mucho y tēdi do aq̃llo a manera de emplasto en vn paño/ z ligādo vna pierna o braço con ello avn q̃ este q̃brada en muchos pedaços en espacio de quinze dias lo suelda/ z junta como si nūca se quebrara/z basta q̃ aya hecho su operacion esta tan aferrada z asida esta medecina con la carne/ que es muy dificultosa dela despegar: pero assi como ha curado el mal y hecho su operacion/luego ella por si misma se aparta y despega de aquel lugar donde la auian puesto: y deste efecto y remedio q̃ es dicho ay mucha espiriencia por los muchos q̃ lo han prouado. ⁋Ay assi mismo vnas plantas q̃ los xp̃ianos llamā platanos/los quales son altos como aruoles y se hazen gruessos enel tronco como vn gruesso muslo de vn hombre/o algo mas/y desde abaxo arriba echa vnas hojas longuissimas z muy anchas z tāto que tres palmos o mas son anchas/y mas de diez o doze palmos de longura/las q̃les hojas despues el ayre rompe quedādo entero el lomo dellas. Enel medio deste cogollo enlo alto nasce vn razimo con quarenta o cinquenta platanos y mas y menos: y cada platano es tan luengo como palmo y medio/y dela grosseza dela muñeca de vn braço/poco mas o menos/segun la fertilidad de la tierra donde nascen: porq̃ en algunas partes son muy menores: tienen vna corteza no muy gruessa z facil de rō per y dedētro todo es medula: que dessollado o quitada la dicha corteza paresce vn tuetano de vna caña de vaca

⁋Los aruoles con que se suel dan las quebra duras: z no me determino si sō aruoles. o plan tas.

⁋Platanos.

[84]

Plantas y yeruas. Fo. xliiij.

hase de cortar este razimo assi como vno de los platanos del se para amarillo, τ dspues cuelgalo en casa τ alli se madura todo el razimo/cō sus platanos. Esta es vna muy buena fruta/τ quādo los abrē τ curā al sol como higos/son despues vna muy cordial τ suaue fruta/τ muy mejor q̃ los higos passos muy buenos: y enel horno assados sobre vna teja/o otra cosa semejāte/son muy buena τ sabrosa fruta/τ pareçe vna cōserua melosa y de excelēte gusto. Lleuāse por la mar τ durā algūos dias τ hāse de coger para esto/algo verdes, τ lo q̃ turā q̃ son quize dias/o algo mas/son muy mejores en la mar q̃ en la tierra/no porq̃ nauegados seles augmēte la bōdad/sino porq̃ enel mar faltā las otras cosas q̃ en la tierra sobrā τ q̃lq̃era fruta/es alli mas p̃ciada/o da mas cōtētamiēto al gusto. Este trōco (o cogollo q̃ se puede dezir mas cierto) q̃ dio el dicho razimo tarda vn año en lleuar/o hazer esta fruta/y en este tpō ha echado en torno de si/diez o doze τ mas y menos cogollos/o hijos/tales como el principal q̃ haze lo mismo q̃ el padre hizo/assi enel dar sendos razimos desta fruta a su tpō/como en procrear τ engēdrar otros tātos hijos/segū es dicho. Dspues q̃ se corta el razimo dl fruto luego se comiēça a secar esta plāta/τ le cortan quādo quierē porq̃ no sirue de otra cosa sino de ocupar embalde la tierra sin puecho: τ ay tātos τ multiplicā tāto q̃ es cosa para no se creer / sin verlo: son vmidissimos τ quādo algūa vez los quierē arrācar/o qtar de rayz de algū lugar dōde esta/sale mucha cātidad de agua dellos y dl assiento en q̃ estauā/q̃ pareçe q̃ toda la vmedad dla tierra τ agua de debaxo dlla/tenia atrayda a su çepa y assiento. Las hormigas son muy amigas destos platanos/y se veē siēpre enellos grā muchedūbre dllas por el trōco τ ramas dlos dichos platanos: y en algunas partes hā seydo tantas las hormigas q̃ por respecto dellas hā arrincado muchos destos platanos y echadolos fuera delas poblaciones: porq̃ no se podian valer d̃ las dichas hormigas. Estos platanos los ay en todo tpō del año: pō no son por su origē naturales de aq̃llas partes/porq̃ de españa fuerō lleuados los primeros/τ hāse multiplicado tāto q̃ es cosa de marauilla ver la abundancia que ay dellos en las yslas y en tierra firme dōde ay poblacioēs de xp̃ianos τ son muy mayores q̃ mijores τ d̃ mejor sabor en aq̃llas ptes q̃ en aq̃stas. ¶ Ay vnas plātas saluajes q̃ se naçē por los cāpos τ yo no las he visto sino en la ysla española/ avn q̃ en otras yslas y partes de las idias las ay: llamāse Tunas, τ nascē de vnos cardos muy espinosos y echan esta fruta q̃ llaman/tunas/q̃ parescen hebras/o higos de los largos/τ tienen vnas coronillas como las nisperas/y de dētro son muy coloradas τ tienen granillos de la manera q̃ los higos/y assi es la corteza dellas como la del higo τ son de buen gusto/τ ay los campos llenos en muchas partes: y despues q̃ se comē tres o quatro dellas (τ mejor comiē

¶Tunas.

Plantas y yeruas.

do mas cantidad)si el que las ha comido se para a orinar/ echa la orina ni mas ni menos que verdadera sangre/ y en tal manera que a mi me acaescio la primera vez que las comi y desde a vna ora quise hazer aguas (alo qual esta fruta mucho incita) que como vi la color dela orina/ me puso en tanta sospecha de mi salud/ que qde como atonito y espantado pensando q̃ de otra causa intrinsica/ o nueua dolencia me ouiesse recrescido τ sin dubda la ymaginacion me pudiera causar mucha pena/ sino q̃ fuy auisado delos q̃ comigo yuan τ me dixeron la causa/ porque eran personas mas esperimentadas τ antiguas enla tierra. ⁋Ay vnos tallos que

⁋Bihaos

llaman bihaos que nascen en tierra y echan vnas varas derechas τ hojas muy anchas de que los indios se siruen mucho/ desta manera. Delas hojas cubren las casas algũas vezes/ y es muy buena manera de cubrir la casa: algunas vezes quando llueue selas ponen sobre las cabeças τ se defienden del agua. Hazen assi mismo ciertas cestas q̃ ellos llaman hauas/ para meter la ropa/ τ lo que quieren muy bien texidas y enellas entretexen estos bihaos: por lo qual avn que llueua sobre ellas/ o se mojen en vn rio/ no se moja lo que dentro delas dichas hauas esta metido: τ las dichas cestas hazen delas cortezas delos tallos delos dichos bihaos: τ otras hazen delo mismo para poner sal τ otras cosas/ τ son muy gẽtiles τ bien hechas: y de mas desto quando enel campo se hallan los indios y les falta mantenimiento arrancã los bihaos nueuos τ comen la rayz/ o parte de lo que esta debaxo de tierra que es tierno τ no de mal sabor/ saluo dela manera delo q̃ los juncos tienen tierno τ blãco debaxo de tierra. ⁋Y pues ya estoy al fin enesta relacion delo q̃ se me acuerda desta materia quiero dezir otra cosa que me ocurre/ y no es fuera della/ lo q̃ los in-

⁋La manera d̃ como los indios tiñen τ dan colores.

dios hazen de ciertas cascaras τ cortezas τ hojas de aruoles q̃ ya ellos conoscẽ τ tienẽ para teñir y dar colores alas mantas de algodon q̃ ellos pintan de negro τ leonado τ verde τ azul τ amarillo τ colorado o roxo: tã biuas τ subidas cada vna/ q̃ no puede ser mas en pficiõ: y en vna olla despues q̃ las hã cozido/ sin mudar la tinta/ hazen distinciõ τ diferẽcia d̃ todas las colores q̃ es dicho/ y esto creo q̃ esta enla disposiciõ d̃la color cõ q̃ entra lo q̃ se quiere teñir/ ora sea en hilo hilado: como pintado enlas dichas mãtas τ cosas dõde quierẽ poner las dichas colores/ o qlq̃r d̃ilas.

⁋Diuersas particularidades
de cosas. Cap̃. lxxxj.

Uchas cosas se podriã dezir τ muy diferentes de las que estan dichas: y de algunas que se vã allegando ala memoria/ porque no tan enteramente como son/ y

Diuersas particularidades. Fo.xliiij.

se deurian dezir/se me acuerda/dexo de ponerlas aqui:pero delas q̃ mas puntualmẽte puedo hablar dire/assi como de algũos coriros q̃ para mo lestia delos hombres produze la natura: para darles a entender quã pe queñas y viles cosas son bastantes para los ofender y inquietar/y que no se descuyden dl oficio principal para que el hombre fue formado q̃ es conocer a su hazedor y procurar como se salue/pues tan abierta y clara esta la via alos christianos/y a todos los que quisieren abrir los ojos dl entendimiẽto. y avn q̃ seã algunas dstas cosas asq̃rosas o no tã limpias para oyr como las q̃ estan escriptas/no son menos dignas d notar para sentir las diferẽcias y varias operaciones de vn ana natura/y digo assi
¶ En muchas partes dela tierra firme assi como passan los christianos o los indios por los campos:assi como ay muchas aguas siempre andã con çarabuelles arremangados/o sueltos y delas yeruas se les pegã tã tas garrapatas que la sal molida es poco mas menuda/y se quaja o hin chen las piernas de ellas/y por ninguna manera se las pueden quitar ni despegar delas carnes sino de vna forma que es vntandose con azeyte/ y despues que vn rato estan vntadas las piernas/o partes dõde las tie nen raen las con vn cuchillo y assi las quitan:y los indios que no tienen azeyte chamuscan las con fuego/ y sufren mucha pena en se las quitar. ¶ Delos animales pequeños y importunos que se criã en las cabeças y cuerpos delos hombres/ digo que los christianos muy pocas vezes los tienen y dos a aquellas partes/sino es alguno/vno o dos y aquesto rari ssimas vezes:porq̃ dspues q̃ passamos por la linia dl diametro dõde las aguas haze la diferẽcia del nordestear/o noroestear q̃ es en el paraje de las yslas delos açores/ muy poco camino mas adelante siguiendo nue stro viaje y nauegaciõ para el poniẽte/todos los piojos que los christia nos lleuã/o suelen criar en las cabeças y cuerpos se muerẽ y alimpiã/q̃ como dicho es ni se veen ni parescen/y poco a poco se despidẽ/ y en las in dias no los crian/eccebto algunos niños dlos q̃ nacẽ en aquellas partes hijos delos xp̃ianos:y comũmẽte en las cabeças los indios naturales/to dos los tienen y avn en algunas partes en especial en la prouincia d cue ua que dura mas de cient leguas y comprehende la vna y otra costa del norte y del Sur/los indios se espulgã vnos a otros(y en especial las mu geres son las espulgaderas)y todos los que toman se los comen/ y avn con dificultad se lo podemos escusar y euitar a los indios q̃ en casa nos siruen que son dela dicha prouincia:po es de notar vna cosa grãde/q̃ as si como los xp̃ianos estamos limpios dsta suziedad en las indias/assi en las cabeças como en las personas:quando a estas partes d Europa bol uemos assi como llegamos por el mar occeano al dicho paraje dõde aq̃ sta plaga cesso segũ es dicho:como si nos estouiessẽ espãdo/no los pode

¶ Garrapatas.

¶ Nota delos piojos.

¶ Nota donde esta fixa/la cala mita o piedra y mã con el norte.

f ij

Diuersas particularidades.

mos por algunos dias agotar/ avn q̃ se mude hōbre/ dos o tres/ o mas camisas al dia/ τ tā menudissimos q̃ si como liēdres: τ avn q̃ poco apoco se vayan agotādo/ en fin tornā los hōbres a quedar cō algūos segun q̃ antes enestas partes los soliā tener: o segū la limpieza τ diligencia de cada vno eneste caso/ pero no para mas ni menos q̃ antes se hazia. Esto he yo muy bien prouado pues ya quatro vezes he passado el mar oceano y andado este camino.

⁋Son en muchas partes los de tierra firme los indios sodomitas.

⁋Entre los indios en muchas partes es muy comun el pecado nefando contra natura/ τ publicamēte los indios q̃ son señores τ principales que enesto pecan/ tienē moços cō quien vsan este mal dito pecado: τ los tales moços paciētes assi como caen enesta culpa/ luego se ponē naguas como mujeres q̃ son vnas mātas cortas de algodon cō q̃ las indias andā cubiertas desde la cinta hasta las rodillas y se ponen sartales y puñetes de cuētas/ y las otras cosas q̃ por arreo vsan las mugeres: τ no se ocupā enel vso delas armas/ ni hazē cosa q̃ los hōbres exercitē/ sino luego se ocupā enel seruicio comū d'las casas assi como barrer y fregar τ las otras cosas a mugeres acostūbradas: son aborreçidos estos tales delas mugeres en estremo grado: pero como son muy subjetas a sus maridos no osan hablar enello sino pocas vezes: o cō los xp̃ianos. Llamā en aq̃lla lēgua de cucua a estos tales paciētes, Camayoa: τ assi entrellos quādo vn indio a otro quiere injuriar o dezirle por vituperio q̃ es afeminado τ para poco le llama camayoa.

⁋Truecan las mugeres los indios.

⁋Los indios en algunas prouincias segū ellos mismos dizē truecā las mugeres cō otros/ τ siempre les pareçe q̃ gana enel trueco/ el q̃ la toma mas vieja: porq̃ las viejas los siruē mejor.

⁋Saben muy bien hazer sal d'agua dela mar.

⁋Sō muy grādes maestros de hazer sal de agua salada dela mar/ y enesto ningūa auentaja les hazē los q̃ enel dique de jelanda cerca dela villa de Mediolburā la hazē/ porq̃ la d'los indios estā blanca/ o mas/ y es mucho mas fuerte/ o no se deshaze tan presto: yo he visto muy bien la vna τ la otra/ τ la he visto hazer alos vnos τ alos otros.

⁋Piedras preciosas.

⁋Es opiniō de muchos q̃ en aq̃llas partes d'ue auer piedras preciosas. (no hablo enla nueua españa porq̃ ya de alli algunas se han visto τ traydo a españa/ y en Valladolid el año passado de. M.d.xxiiij. estando alli V. M. vi vna esmeralda trayda de yucatā/ o nueua España/ entallado en ella de relieue vn rostro redōdo a manera de luna de plasma) la qual se vendio en mas de.cccc.ducados de buen oro. Pero en tierra firme en santa Marta al tpō q̃ alli toco el armada q̃l catholico rey dō Fernando embio a castilla del oro/ yo salte en tierra cō otros: y se tomarō hasta mil y tātos pesos de oro/ τ ciertas mantas τ cosas d'indios en q̃ se vierō plasmas de esmeraldas τ corniolas/ τ jaspes/ y calcidonias/ τ çafires blācos/ τ ambar de roca: todas estas cosas se hallarō donde he dicho y se cree q̃ dela tierra adentro les deuia venir/ por trato y comercio que con otras

⁋Plasmas de esmeraldas.
⁋Corniolas.
⁋Jaspes.
⁋Calcidonias.
⁋Çafires blancos.
⁋Ambar de roca.

Diuersas particularidades. Fo.xlv.

gentes de aquellas partes deuē tener: porque naturalmente todos los Indios generalmente mas que todas las gentes del mundo son inclinados a tratar τ a trocar/τ baratar vnas cosas cō otras τ assi de vnas partes a otras van en canoas y de donde ay sal la lleuan / a donde carescen della/y les dan oro/o mantas/o algodon hilado/o esclauos/o pescado/o otras cosas: y enel cenu que es vna prouincia de indios frecheros caribes que confinan con la prouincia de Cartajena/y esta entre ella τ la pū ta de Caribana/cierta gente que alli embio vna vez Pedrarias de Auila gouernador de Castilla del oro por. V. M. fueron desbaratados τ mataron ai capitan Diego de bustamante τ a otros christianos/y estos hallaron alli muchos cestos del tamaño destos banastos que se traen dela montaña τ Vizcaya con besugos: los quales estauan llenos d' cigarras τ lagostas/τ grillos/τ dezian los indios que alli fueron presos/que los tenian para los lleuar a otras tierras a dentro apartadas dela costa de la mar donde no tienen pescado/y estiman mucho aquel mājar para lo comer/en precio del qual dezian que les dauan τ trayā de alla otras cosas de que estotros tenian nescesidad/τ las estimauan en mucho/τ los d' aculla tenian mucha cantidad delas cosas que les dauan a trucco/o en precio delas dichas cigarras τ grillos.

¶ Los Indios son muy inclinados a tractar y en muchas partes de tierra firme lo hazen.

¶ Nota esta manera de mercaderia de grillos τ cigarras τ lagostas.

¶ Delas minas del oro Ca. lxxxij.

Questa particularidad de minas es cosa mucho para notar/τ puedo yo hablar enellas mejor que otro/porque ha doze años ꝗ enla tierra firme siruo de veedor delas fundiciones del oro y de veedor de minas al catholico rey don Fernando que en gloria esta τ a. V. M. y desta causa he visto muy bien como se saca el oro/y se labran las minas: y se muy bien quan riquissima es aquella tierra y he fecho sacar oro para mi cō mis indios y esclauos/ τ puedo afirmar como testigo de vista/que en ninguna parte d' Castilla del oro que es en tierra firme/me pedira minas de oro/que yo dexe de ofrescerme a las dar descubiertas dentro de diez leguas/de donde se me pidieren/τ muy ricas pagandome la costa del andarlas a buscar: porque avn que por todas partes se halla oro / no es en toda parte de seguirlo/ por ser poco τ auer mucho mas en vn cabo ꝗ en otro: τ la mina/o venero ꝗ se ha d' seguir ha d' ser en parte ꝗ segū la costa se pusiere de gēte τ otras cosas necessarias enla buscar/ꝗ se pueda sacar la costa/τ d' mas disso se sa ꝗ alguna ganācia/porꝗ d' hallar oro enlas mas partes poco/o mucho no ay dubda. El oro ꝗ se saca enla dicha castilla del oro es muy bueno y es de xxij. qlates y dēde arriba: y d' mas d'lo ꝗ d'las minas se saca ꝗ es en mucha

G iij

De las minas del oro.

cãtidad se han auido τ cada día se han muchos tesoros de oro labrado/ en poder delos indios q̃ se hã cõquistado y delos q̃ de grado/o por resca te τ como amigos delos christianos lo han dado: alguno dello muy bue no pero la mayor parte deste oro labrado que los indios tienen es enco brado/τ hazen dello muchas cosas τ joyas q̃ ellos y ellas traẽ sobre sus personas/y es la cosa del mundo q̃ comunmente mas estiman y precian.

☙ La manera de como se saca el oro.

La manera de como el oro se saca es desta forma/q̃ o lo hallã en çauana o enel río. Çauana se llaman los llanos y vegas τ cerros q̃ estan sin aruo les τ toda tierra rasa con yerua/o sin ella/pero tambien algunas vezes se halla el oro enla tierra fuera del río en lugares q̃ ay aruoles/τ para lo sacar cortan muchos y grãdes aruoles/pero en qualquiera destas dos maneras q̃ ello se halle/ora sea enel río o q̃brada de agua/o en tierra/di re en amas maneras lo q̃ passa y se haze enesto. Quando alguna vez se

☙ Como se saca el oro en çaua nas.

descubre la mina/o venero de oro/es buscando τ dando catas enlas par tes q̃ alos hombres mineros y espertos en sacar oro les parece q̃ lo pue de auer: τ si lo hallan/siguen la mina τ labranlo/en río/o çauana como dicho es. y seyendo en çauana limpiã primero todo lo q̃ esta sobre la tier ra τ cauan ocho/o diez pies en luengo τ otros tãtos/o mas/o menos en ancho/segũ al minero le paresce/hasta vn palmo/o dos de hõdo/τ ygual mente sin ahondar mas/lauan todo aquel lecho de tierra q̃ ay enel espa cio q̃ es dicho/τ si en aquel peso que es dicho hallã oro siguenlo/τ sino a hondan mas otro palmo/τ lauanlo/τ si tampoco/lo hallã/ahondã mas τ mas hasta q̃ poco a poco lauando la tierra llegan ala peña biua τ si ha sta ella no topan oro/no curan de seguirlo ni buscarlo mas alli: τ vanlo a buscar a otra parte: pero donde lo hallan/en aquella altura/o peso sin ahondar mas: en aquella ygualdad q̃ se topa siguen el exercicio delo sa car hasta labrar toda la mina/q̃ tiene el q̃ la halla/si la mina le parece q̃ es rica: y esta mina ha de ser de ciertos pies/o passos en luengo: segũ cier to limite q̃ enesto y enel anchura q̃ ha de tener la mina/ya esta ũtermina do τ ordenado q̃ aya de terreno: y en aq̃lla cantidad ninguno otro pue de sacar oro: y donde se acaba la mina del q̃ primero hallo el oro/luego a par de aquel puede hincar estacas y señalar mina para si el q̃ quisiere Estas minas de çauana/o halladas en tierra siempre hã de buscarse cer ca de vn río/o arroyo/o q̃brada de agua/o balsa/o fuente/donde se pue da lauar el oro/τ ponen ciertos indios a cauar la tierra/q̃ llaman escope tar/τ cauada hinchen bateas de tierra: τ otros indios tienen cargo d̃ lle uar las dichas bateas hasta donde esta el agua do se ha de lauar esta tie rra/pero los q̃ las bateas de tierra lleuan no las lauan/sino tornan por mas tierra/y aquella q̃ han traydo dexan en otras bateas q̃ tienẽ enlas manos los lauadores/los quales son por la mayor parte indias porq̃ el

De las minas del oro. Fo. xlvj.

oficio es de menos trabajo q̃ lo de mas. y estos lauadores estan assentados orilla del agua/ τ tienen los pies hasta cerca delas rodillas/o menos segun la dispusicion de donde se asientan metidos enel agua/ τ tienen en las manos la batea tomada por dos asas/o puntas para la asir (q̃ la batea tiene) τ mouiendola τ tomando agua τ oponiendola ala corriẽte cõ cierta maña/q̃ no entra del agua mas cantidad /enla batea dela q̃ el lauador ha menester/ τ con la misma maña echandola fuera/el agua q̃ sale dela batea/roba poco a poco τ lleua tras si/la tierra d'la batea y el oro se abaxa alo hondo dela batea/que es concaua y del tamaño d' vn bacin de baruero/τ quasi tan honda / y desque toda la tierra es echada fuera q̃da enel suelo dela batea el oro/ y aql pone a parte τ torna a tomar mas tierra τ lauarla .τc. E assi desta manera cõtinuando cada lauador saca al dia/lo q̃ dios es seruido que se saque segun le plaze que sea la ventura del dueño delos indios y gente que eneste exercicio se ocupan. y ha se de notar/que para vn par de indios que lauen/son menester dos personas q̃ siruan de tierra a cada vno dellos/ τ dos otros q̃ escopeten τ rompan τ cauen τ hinchan las dichas bateas de seruicio/ porque assi se llaman de seruicio las bateas en q̃ se lleua la tierra hasta los lauadores: τ sin esto es menester q̃ aya otra gente enla estancia donde los indios habitan/τ vã a reposar la noche/la qual gente labre pan τ haga los otros mãtenimiẽtos con que los vnos τ los otros se han de sostener. De manera q̃ vna batea/es alomenos en todo lo que es dicho cinco personas ordinariamente. La otra manera de labrar mina en rio/o arroyo de agua se haze de otra manera y es que echando el agua de su curso en medio dela madre despues que esta en seco/τ la han xamurado/(que en lengua delos q̃ son mineros quiere dezir agotado porque xamurar/es agotar) hallan oro entre las peñas τ hoquedades τ resquicios delas peñas/ y en aquello q̃ estaua enla canal dela dicha madre del agua/τ por donde su curso natural hazia: y alas vezes quãdo vna madre d'stas es buena τ acierta/se halla mucha cantidad de oro enella. Porq̃ ha d' tener. ⸿ &. por maxima τ assi parece por el efecto/que todo el oro nasce enlas cumbres τ mas alto delos mõtes/τ que las aguas delas lluuias poco a poco conel tiempo lo trae τ abara/ alos rios τ quebradas de arroyos que nacen delas sierras/no obstante/que muchas vezes se halla en llanos que estan desuiados delos montes. τ quando esto acaece /mucha cãtidad se halla por todo aquello/pero por la mayor parte τ mas cõtinuadamente se halla enlas haldas delos cerros y enlos rios mismos τ quebradas. Assi que de vna destas dos maneras se saca el oro. ⸿ Para consequencia del nascer el oro enlo alto τ batarse alo baxo se vee vn indicio grande que lo haze creer/ y es aqueste. El carbon nunca se pudresce debaxo de tierra quãdo

⸿ Como se saca el oro enel rio.

⸿ En que partes dela tierra son los nascimientos del oro.

⸿ Nota este indicio y propriedad del carbon

G iiij

De las minas del oro.

es de madera rezia: τ acaesce q̃ labrando la tierra enla balda del cerro, o enel comedio, o otra parte del, τ rompiendo vna mina en tierra virgen, τ auiendo ahondado, vno y dos y tres estados, o mas, se hallan alla debaxo enel peso que hallan el oro, y antes q̃ le topen tambien: pero en tierra q̃ se juzga por virgẽ, y lo esta, assi para se roper τ cauar, algunos caruones de leña, los quales no pudieron alli entrar segũ natura, sino enel tpo q̃ la superficie dela tierra era enel peso q̃ los dichos carpones hallan, τ derribandolos el agua de lo alto quedaron alli, τ como despues llouio otras inumerables vezes como es de creer, cayo delo alto, mas y mas tierra hasta tanto q̃ por discurso de años fue cresciendo la tierra sobre los caruones aq̃llos estados o cantidad q̃ ay al presente q̃ se labrã las minas desde la superficie hasta donde se topã cõ los dichos caruones. ❡ Digo mas q̃ quanto mas ha corrido el oro desde su nascimiẽto hasta donde se hallo tanto mas esta liso τ purificado τ de mejor quilate τ subido: τ quãto mas cerca esta dela mina, o vena donde nascio, tãto mas crespo y aspero le hallan y de menos quilates, τ tãto mas parte del se menoscaba, o mẽgua al tiẽpo del fundirlo, τ mas agro esta. Algunas vezes se hallã granos grandes y de mucho peso sobre la tierra, τ a vezes debaxo della. ❡ El mayor de todos los q̃ hasta oy en aq̃stas indias se ha visto fue el q̃ se perdio enla mar cerca dela ysla dela beata, q̃ pesaua tres mil y dozientos castellanos, q̃ son vna arroba τ siete libras, o treynta y dos libras de diez y seys onças, q̃ son sesenta y quatro marcos d oro: pero otros muchos se hã hallado aun q̃ no de tanto peso. ❡ yo vi el año de .M.d.xv. en poder del thesorero de .V.M. Miguel de passamõte dos granos, q̃ el vno pesaua siete libras q̃ son .xiiij. marcos, y el otro de diez marcos q̃ son cinco libras y de muy buẽ oro de .xxij. quilates, o mas. ❡ y pues aqui se trata del oro, paresceme q̃ antes de passar adelãte, τ q̃ se hable en otra cosa, se diga como los indios sabẽ muy biẽ dorar las pieças de cobre o de oro muy baxo, lo q̃l ellos hazẽ, τ les dã tã excelẽte color, τ tã subida q̃ pareçe q̃ toda la pieça q̃ assi dorã es d tã buẽ oro como si touiesse .xxij. quilates, o mas. La q̃l color ellos le dã cõ ciertas yeruas, τ tal q̃l d era platero d los de españa o ytalia, o donde mas espertos los ay, se ternia el q̃ assi lo supiesse hazer por muy rico cõ este secreto, o manera d dorar. y pues d las minas se ha dicho assaz por menudo la verdad y pticular manera q̃ se tiene en sacar el oro. Enlo q̃ toca al cobre digo q̃ en muchas ptes d las dichas yslas τ tierra firme d estas indias se ha hallado τ cada dia lo hallã en grã cãtidad τ muy rico, pero no se curã hasta agora dello, ni lo sacã, puesto q̃ en otras partes seria muy grãde thesoro la vtilidad y prouecho que del cobre se podria auer: pero como ay oro, lo mas priua a lo menos, τ no se curan de esotro metal. Plata τ muy buena τ mucha se halla enla nueua españa: pero co

❡ Nota esta propiedad del oro.

❡ Grano d oro q̃ peso tres mil y dozientos pesos.

❡ Grano d .occ pesos.
❡ Grano de .d. pesos.

❡ Como los Indios saben muy bien dorar.

❡ Mucho Cobre rico.

❡ Mucha plata.

Delas minas del oro. Fo.xlvij.

mo al principio deste reportorio/dixe: yo no hable en cosa alguna de aq̇-
lla prouincia al presente/pero todo esta puesto y escripto por mi/en la ge
neral ystoria delas indias.

⁋Delos pescados y pesque-
rias.   Cap̃.lxxxiij.

A tierra firme los pescados que ay
τ yo he visto son muchos τ muy diferentes/τ pues de todos no
sera possible dezirse/aqui dire de algunos: τ primeramente di
go q̇ ay vnas sardinas anchas y las colas bermejas excelente pescado
y delos mejores q̇ alla ay. Moxarras. Diabacas. Xureles. Dabaos. Ra
yas. Salmonados. Todos estos y otros muchos cuyos nōbres no tēgo
en memoria/se toma enlos rios en grandissima abūdacia/τ assi misimo
camarones muy buenos: pero enla mar assi mismo se toma algunos de
los d'suso nōbrados/y Palometas/y Azedias/y pargos/τ Liças/τ pul
pos/y Doradas/τ sauaalos muy grādes/τ Lagostas/τ Xaybas/τ ostias
y Tortugas grandissimas/τ muy grandes Tiburones/y Manaties/y
Morenas/y otros muchos pescados/y de tanta diuersidad τ cantidad
de ellos q̇ no se podria expr̃ssar sin mucha escriptura τ tp̃o para lo escre
uir: pero solamēte espacificare aqui τ dire algo mas largo lo que toca a
tres pescados q̇ desuso se nombraron/que son/ Tortuga. Tiburon: y el   ⁋Delas tortu-
Manati. E comēçando del primero digo/q̇ enla ysla de cuba se halla tā   gas.
grādes tortugas/q̇ diez τ quinze hōbres son necessarios para sacar del
agua vna dellas: esto he oydo yo d̃zir enla misma ysla a tātas personas
de credito q̇ lo tengo por mucha verdad: pero lo q̇ yo puedo testificar d̃
vista delas q̇ en tierra firme se matā yo la he visto enla villa de acla/que
seys hōbres tenia bie q̇ lleuar en vna: τ comūmēte las menores es bar
ta carga vna dellas para dos hōbres: y aq̇lla q̇ he dicho d̃ villeuar a se
ys/tenia la cōcha della por la mitad del lomo siete palmos de vara d̃ lue
go/y mas de cinco en ancho/o por el traues della. Tomālas desta mane
ra: a vezes acaesce q̇ cae enlas grādes redes barrederas algūas tortu-
gas/pero dela manera q̇ se toma en cātidad/es quādo las tortugas se sa
len dela mar a desouar o a pascer fuera por las playas: τ assi como los
xp̃ianos o los indios topā el rastro dellas enel arena van por el/y en to
pandola/ella echa a buyr para el agua/pero como es pesada alcançāla
luego cō poca fatiga/τ poneles vn palo entre los braços d̃baxo y trastor
nālas de espaldas assi como vā corriēdo/τ la tortuga se q̇da assi que no
se puede tornar a endereçar/y dexada assi/si ay otro rastro de otra/o o-
tras/van a hazer lo mismo/τ desta forma toma muchas dōde sale como

Pescados y pesquerias.

De los Tiburones. es dicho. Es muy excelēte pescado y de muy buē sabor τ sano. El segūdo pescado delos tres q̄ de suso se dixo/se llama tiburō/este es grāde pescado τ muy suelto enel agua τ muy carnicero τ tomāse muchos dellos/assi caminando las naues ala vela por el mar Occeano como surgidas y de otras maneras/en especial los peq̄ños: po los mayores se tomā nauegādo los nauios enesta forma. q̄ como el tiburon vee las naos las sigue y se va tras ellas comiēdo la vassura τ inmundicias q̄ dela nao se echan fuera. τ por cargada de velas q̄ vaya la nao τ por prospero tiēpo q̄ lleue q̄l ella lo ōue ō sear le va siēpre el tiburō a la par τ le da en torno muchas bueltas/τ acaesce seguir ala nao ciento τ cincuenta leguas τ mas/τ assi podria todo lo que quisiesse. τ quando lo quieren matar, echan por popa dela nao vn anzuelo de cadena tan gruesso como el dedo pulgar τ tā luengo como tres palmos encoruado como suelen estar los anzuelos: y las orejas del a pporcion dela groseza: τ al cabo dl asta del dicho anzuelo quatro o cinco eslauones de hierro gruessos y del vltimo atado vn cabo de vna cuerda gruesso como dos vezes/o tres el dicho anzuelo: τ ponen enel vna pieça de pescado/o tocino/o carne qualquiera/o parte del assadura de otro tiburon/si le han muerto ya/porq̄ en vn dia/yo he visto tomar nueue/τ si se quisieran tomar mas/tābiē se pudiera hazer: y el dicho tiburon por mucho q̄ la nao corra la sigue como es dicho τ tragase todo el dicho anzuelo/y dela sacudida dela fuerça de el mismo/τ cō la furia que va la nao/assi como traga el ceuo y se quiere desuiar/luego el anzuelo se atrauiessa y le passa τ sale por vna quixada la pūta del/y prēdido/son algūos dellos tā grādes/q̄ doze τ quinze hōbres/o mas son necessarios para lo guindar τ subir enel nauio/y metido enel/vn marinero le da conel cotillo de vna hacha enla cabeça grandes golpes τ lo acaba de matar: son tan grādes q̄ algunos passan de diez τ doze pies τ mas/y en la groseza por lo mas ancho tienē cico y seys τ siete palmos: τ tienē muy gran boca a proporciō del cuerpo/τ enella dos ordenes de diētes en torno/la vna destinta dela otra/algo/τ muy espessos τ fieros los dientes: τ muerto hazenlo lōjas delgadas τ ponēlas a enxugar dos/o tres/o mas dias colgadas por las xarcias del nauio al ayre/y despues se las comen. Es buē pescado τ grā bastimēto para muchos dias enla nao por su grādeza: po los mejores son los peq̄ños τ mas sanos τ tiernos. es pescado d̄ **Nota.** cuero como los caçones τ tollos/los quales y el dicho tiburō parē/otros sus semejantes/biuos/y esto digo porq̄ el Plinio ninguno de aq̄stos tres puso enel numero delos pescados q̄ dize en su istoria natural que paren. Estos tiburones salē dela mar τ subēse por los rios y enellos no son menos peligrosos q̄ los lagartos grādes de q̄ atras se dixo largamēte, por q̄ tambien los tiburones se comen los hombres τ las vacas τ yeguas τ

Pescados y pesquerias. Fo.xlviij.

son muy peligrosos enlos vados o partes d'los rios donde vna vez se ce uan. otros pescados muchos τ muy grãdes τ pequeños y de muchas suertes se tomã desde los nauios corriẽdo ala vela/de lo q̃l dire tras el manati/q̃ es el tercero delos tres q̃ dixe de suso q̃ espressaria. ⁋El Manati es vn pescado de mar delos grãdes/τ mucho mayor q̃l tiburon en grosseza y de luẽgo/y feo mucho q̃ paresce vna de aq̃llas odrinas grãdes en q̃ se lleua mosto en medina del cãpo y arcualo: τ la cabeça deste pescado es como de vna vaca τ los ojos por semejãte: τ tiene vnos tocones gruessos en lugar de braços cõ q̃ nada/y es animal muy mãsueto τ sale hasta la orilla del agua/τ si desde ella puede alcançar algunas yeruas q̃ estẽ enla costa en tierra pascelas·matanlos los vallesteros τ assi mismo a otros muchos τ muy buenos pescados con la vallesta/desde vna barca o canoa/porq̃ andan someros dela supficie del agua/τ como lo veen dãle vna sactada cõ vn harpõ/y el tiro/o harpon cõ q̃ le dã/lleua vna cuerda delgada/o traylla de hilo muy sotil τ rezio alquitranado/τ vasse huyendo/y en tanto el vallestero da cordel y echa muchas braças del fuera/y enel fin del hilo vn corcho o palo/y desq̃ ba andado bañando la mar de sangre y esta cansado τ vezino ala fin dela vida llegasse el mismo hazia la playa/o costa y el vallestero va cogiẽdo su cuerda y desq̃ le quedan siete o diez braças o poco mas o menos/tira del cordel hazia tierra y el manati se allega hasta tãto q̃ toca en tierra/τ las ondas del agua le ayudan a encallarse mas y entonces el dicho vallestero/y los q̃ le ayudã acabãle de echar en tierra/τ para lo lleuar ala cibdad o adonde lo han de pesar/es menester vna carreta τ vn par d' bueyes/y alas vezes dos pares segũ son grãdes estos pescados. Assi mismo sin q̃ se llegue ala tierra lo meten enla canoa porq̃ como se acaba de morir se sube sobre el agua/creo q̃ es vno delos mejores pescados del mũdo en sabor/y el q̃ mas paresce carne: y en tãta manera enla vista es proximo ala vaca/q̃ quien no le ouiere visto entero/mirãdo vna pieça del cortada/no se sabra determinar/si es vaca o ternera/y de hecho lo ternã por carne y se engañarã en esto todos los hõbres del mũdo/τ assi mismo el sabor es de muy excelente ternera propriamente/τ la cecina del muy especial τ se tiene mucho: ninguna ygualdad tiene/ni es tal cõ grã parte/el sollo destas ptes. ⁋Estos manaties tienẽ vna cierta piedra/o huesso enla cabeça entre los sesos/o meollo: la q̃l es muy vtil para el mal dela hijada/τ muelẽla despues de auerla muy biẽ q̃mado/y aq̃l poluo molido tomase quãdo el dolor se siente/por la mañana en ayunas/tãta parte como se podra cojer cõ vna blanca de a marauedi/en vn trago de muy buẽ vino blãco: y beuiendolo assi tres o quatro mañanas/quitase el dolor segũ algũos q̃ lo hã puado me han dicho: y como testigo de vista digo q̃ he visto buscar esta piedra con

⁋Delos manatues.

⁋Dela piedra del Manati.

[95]

Pescados y pesquerias.

grā diligēcia a muchos para el efecto q̄ he dicho. ¶Otros pescados ay/ quasi tan grandes como los manaties q̄ se llaman pexe vihuela/q̄ traen enla parte alta o hocico/vna espada q̄ por amos lados esta llena de diētes muy fieros/y es esta espada de vna cosa ypria suya durissima τ muy rezia y de quatro τ cinco palmos de luengo τ assi a proporcion dela longueza es la anchura: τ ay estos pescados desde tamaños como vna sardina/o menos hasta q̄ dos pares de bueyes tienē harta carga en vno de ellos en vna carreta. ¶Mas pues me ofreci de suso/d̄ dzir d̄ otros pescados q̄ se matan assi mismo por la mar nauegando los nauios/no se oluiden las toñinas/q̄ son grādes τ buenos pescados las quales se matā cō fisgas τ harpones arrojados quādo ellas passan cerca delos nauios/τ assi mismo dela misma manera matan muchas doradas que es vn pescado delos buenos q̄ ay enla mar. Note en aquel grande mar occeano/ vna cosa q̄ afirmarā todos los q̄ alas indias hā ydo/y es q̄ assi como en la tierra ay prouincias fertiles/τ otras esteriles: dela misma manera/en la mar acaesce/q̄ algunas vezes corren los nauios cinquenta τ ciento τ dozientas τ mas leguas sin poder tomar vn pescado/o verle: y en otras partes de aquel mar occeano/se vee la mar biruiendo de pescados/y se matan muchos dellos. ¶Quedame de dezir de vna bolateria de pescados q̄ es cosa de oyr y es assi. Quando los nauios van en aq̄l grāde mar Occeano siguiēdo su camino leuantāse de vna parte τ otra muchas manadas de vnos pescados/como sardinas el mayor/y de aq̄sta grandeza para abaxo/disminuyendo hasta ser muy peq̄ños algunos dllos/q̄ se llaman pexes boladores/y leuantanse a manadas/en vādas o lechigadas y en tanta muchedumbre q̄ es cosa de admiraciō/τ a vezes se leuantā pocos: τ como acaesce de vn buelo van a caer ciēt pasos τ a vezes algo mas y menos: τ algunas vezes caen dentro delos nauios. yo me acuerdo que vna noche estando la gente toda del nauio cantādo la salue hincados d̄ rodillas enla mas alta cubierta dela nao enla popa/atrauesso cierta vāda destos pescados boladores τ yuamos con mucho tiempo corriēdo/τ quedarō muchos dllos enla nao/τ dos o tres cayerō apar de mi/que yo toue enlas manos biuos/τ los pude muy bien ver/y erā luēgos del tamaño de sardinas y de aq̄lla groseza y delas quixadas les salian sendas cosas como aquellas con q̄ nadā los pesces aca enlos rios/tā luēgas como era todo el pescado y estas son sus alas: y en tanto q̄ estas tardā de se enxugar conel ayre/quando saltan del agua a hazer aquel buelo/tanto se pueden sostener enel ayre/po aq̄llas enxutas/q̄ es alo mas enel espacio/ o trecho q̄ es dicho/caen enel agua/τ tornanse a leuantar τ hazer lo mismo/o se quedan τ lo dexan: po enel año de.M.d.xv.años quando la primera vez yo vine a informar a.V.M.delas cosas d̄ indias τ fuy en Flā

¶Del pexe vihuela/q̄ en España se llama el pejparte.

¶Delas Toñinas.

¶Doradas.

¶Nota como el mar occeano es esteril de pescados en vnas partes y en otras es muy fertilissimo

¶De la bolateria τ manera de los pexes boladores.

[96]

Pescados y pesquerias.   Fo.xlix.

des/luego el año siguiente/al tiempo de su bienauenturada subcesió en estos sus reynos de Castilla τ Aragó: en aquel camino corriendo yo có la nao/cerca dela ysla Bermuda q̃ por otro nombre se llama la Garça/y es la mas lexos ysla de todas las q̃ oy se saben enel mundo/q̃ mas lexos esta de otra ninguna ysla/o tierra firme: y llegue d'lla hasta estar en ocho bra ças de agua τ a tiro de lombarda della: y determinado d' hazer saltar en tierra alguna gente a saber lo que ay alli/τ avn para hazer dexar en aq̃ lla ysla algunos puercos biuos d'los q̃ yo traya enla nao para el camino por q̃ se multiplicassen alli/pero el tiépo salto luego al contrario/τ hizo q̃ no pudiessemos tomar la dicha ysla: la qual puede ser de longitud doze leguas y d' latitud seys y terna hasta treynta leguas d' circuyto y esta en xxxiij. grados dela vanda de santo Domingo hazia la parte de septētrió y estãdo por alli cerca vi vn cõtraste destos peces boladores y delas do radas/τ delas gauiotas/q̃ en verdad me paresce que hera la cosa de ma yor plazer/q̃ en mar se podia ver de semejantes cosas: las doradas yuā sobreaguadas τ a vezes mostrãdo los lomos/y leuātauan estos pescadi llos boladores/alos quales seguian por los comer/lo qual buyan con el buelo suyo/τ las doradas proseguian corriendo tras ellos a do cayã/por otra parte las gauiotas/o gauinas enel ayre tomauan muchos de los pe ces boladores/de manera que ni arriba/ni abaxo no tenian seguridad. y este mismo peligro tienē los hombres en las cosas desta vida mortal/que ningun seguro ay para el alto ni baxo estado dela tierra. y esto solo de uria bastar para que los hombres se acuerden de aquella segura folgan ça que tiene dios aparejada para quien le ama τ quita los pensamien tos del mundo/en que tan aparejados estan los peligros: τ los pone en la vida eterna en que esta la perpetua seguridad. Tornando a mi istoria estas aues que he dicho/eran dela ysla bermuda q̃ he dicho y cerca della vi esta bolateria estraña/por q̃ aquestas aues no se apartan mucho de tie rra ni podian ser de otra tierra alguna.

Nota que la ysla bermuda es la que mas lexos esta de tierra en todo el mundo.

¶De la pesqueria delas per-
las.   Cap.lxxxiiij.

Ues que se ha dicho de algunas co sas que no son de tāta estimació/o prescio como las plas, justo me paresce q̃ diga la manera de como se pesca/y es assi: en la co sta del norte en cubagua τ cumana q̃ es donde aq̃sto mas se exercita segū plenariamente yo fuy informado de indios τ xp̃ianos: dizen/q̃ salen de aquella ysla de cubagua muchos indios que alli estan en q̃drillas de se ñores particulares vezinos d' santo domingo τ san Juā/y en vna canoa

Dõde se toman las plas en la cos ta del norte.

De la pesquería de las perlas.

o varca, váse por la mañana q tro, o cinco, o seys o mas, τ dóde les parece, o saben ya q es la cátidad d'las plas alli se pará enel agua, y echàse para abaxo a nado los dichos indios hasta q llegã al suelo, y q da enla varca vno la q̃l tiene q̃da todo lo q el puede atédiédo q salgã los que han entrado debaxo del agua, y d'spues q̃ grã espacio ha estado el indio assi debaxo, sale fuera encima del agua, τ nadãdo se recoje a su varca τ presenta τ pone enella las ostias q̃ saca, porque en ostias se hallan las dichas p̃las, y descansa vn poco τ come algun bocado, y despues torna a entrar enel agua, y esta alla lo que puede, τ torna a salir con las ostias que ha tornado a hallar, τ haze lo que primero, y desta manera todos los demas que son nadadores para este exercicio hazen lo misino: τ quando viene la noche y les paresce tiempo de descansar vanse ala ysla a su casa y entregan las dichas ostias al mayordomo de su señor que d'los dichos indios tiene cargo, τ aq̃l hazeles dar d'cenar τ pone en cobro las dichas ostias: τ quando tiene copia haze que las abran y en cada vna hallã las perlas, o aljofar: dos y tres, τ quatro τ cinco y seys τ muchos mas granos segun natura alli los puso, τ guardanse las perlas τ aljofar que en las dichas ostias se hallan, τ comense las ostias si quieren, o echanlas a mal, porque ay tantas que aborrecen, τ todo lo que sobra de semejantes pescados enoja, quáto mas q̃ ellas son muy duras τ no tã buenas para comer como las de España. Esta ysla de Cubagua donde aq̃sta pesqueria esta, es enla costa del norte, y no es mayor d'lo que es Islanda: pero es tamaña: algunas vezes que la mar anda mas alta d'elo que los pescadores τ ministros desta pesqueria de perlas q̃rrian, τ tambiē porq̃ naturalmente quando vn hombre esta en mucha hondura debaxo del agua (como lo he yo muy bien prouado) los pies se leuantan para arriba τ cõ dificultad pueden estar en tierra debaxo del agua luego espacio enesto proueen los indios, con echarse sobre los lomos dos piedras vna al vn costado τ otra al otro asidas de vna cuerda, y el en medio, y d'xase yr para abaxo, τ como las piedras son pesadas hazenle estar debaxo enel suelo quedo, pero quando le paresce τ quiere subirse, facilmente puede desechar las piedras τ salirse, pero no es aquesto que esta dicho lo q̃ puede marauillar d'la habilidad que los indios tienen para este exercicio, sino que muchos dellos se está debaxo d'l agua vna ora, τ algunos mas tiēpo τ menos segũ q̃ cada vno es apto τ suficiente para esta bazieda. Otra cosa grande me ocurre, y es que preguntando yo muchas vezes a algunos señores delos Indios que andan enesta pesqueria: si se acaban las pesq̃rias destas perlas pues que es pequeño el sitio donde se toma, todos me respondierõ q̃ se acabaua en vna parte y se yuan a pescar a otra, al otro costado, o viento contrario, y q̃ despues que tambien aculla se acabauã

¶ Nota lo q̃ está debaxo d'l agua los indios pescã do perlas.

¶ Nota esta grã dissima particularidad.

De la pesquería delas perlas. Fo.l.

se toman al primero lugar/o a alguna de aquellas partes donde prime=
ro hauian pescado y dexadolo por agotado de perlas/y que lo hallauan
tan lleno como si nunca alli ouieran sacado cosa alguna:ð que se infiere
τ puede sospechar que o son de passo estas ostias como lo son otros pesca
dos:o nacen y se aumentan τ produzen en lugar señalado. Aquesta Cu
mana τ cubagua donde aquesta pesquería de perlas que he dicho se ha=
ze esta en doze grados dela parte que la dicha costa mira al norte/o a sep
tentrion. ⊂ Assi mismo se toman τ hallan muchas perlas en la mar avi=   ⊂ Donde se to-
tral del Sur/τ muy mayores en la ysla delas perlas q̃ los indios llaman   ma las perlas en
Terarequi/que es enel golpho de sant Miguel:τ alli han parescido ma   la mar del sur.
yores perlas mucho y ð mas prescio que en estotra costa del norte en Cu
mana:ni en otra parte della/digo esto como testigo de vista porque en aq̃
lla mar del Sur yo he estado y me he informado muy particularmẽte ð
lo que toca a estas perlas. ⊂ Desta ysla de Terarequi es vna perla pera   ⊂ Una perla q̃
de treynta y vn quilates que ouo Pedrarias en mil τ tantos pesos la q̃l   tiene pedrarias
se ouo quando el capitan Gaspar de Morales primo del dicho Pedra=   de talle de pera
rias passo ala dicha ysla enel año de Mil τ qninientos τ quinze años/la   que pesa .xxxj.
qual perla vale muchos mas dineros. ⊂ De aquella ysla tambiẽ es vna   quilates.
perla redondissima que yo truxe ð aquella mar tamaña como vn bodo   ⊂ Otra perla re
que pequeño y pesa.xxvj.quilates/y enla cibdad de Panama enla mar   dõda que yo vẽ
del sur di por esta perla seyscientos τ cinquenta pesos de buen oro τ la tu   di al marq̃s del
ue tres años en mi poder y despues que estoy en España la vendi al con   zenete que pesa
de Nasao Marques del zenete gran camarlengo de vuestra Magestad   xxvj.quilates.
El qual la dio ala marquesa del zenete doña Mencia de Medoça su mu
ger/la qual perla creo yo que es vna delas mayores/o la mayor ð todas
las que en estas partes se han visto/redonda/porque ha de saber .V. M.
que en aquella costa del sur/antes se hallaran cient perlas grãdes de ta
lle de pera/que vna redonda/grande. Esta/esta dicha ysla de Terarequi
que los christianos la llaman la ysla delas perlas τ otros la dizen ysla ð
flores/en ocho grados puesta ala vanda o parte austral/o del sur dela
tierra firme en la puincia de Castilla del oro. En estas dos partes q̃ he di
cho ð la vna costa τ otra ð tierra firme/es dõde hasta agora se pescã las
plas/ypo tãbiẽ he sabido q̃ enla puincia τ yslas ð cartajena ay plas/ypues
V. M. mãda q̃ vaya a le seruir alli ð su gouernador τ capitã yo me tẽ go
cuydado ðlas hazer buscar/y no me marauillo q̃ alli se hallẽ assi mismo
por q̃ los q̃ aq̃sto me han dicho no hablã sino por oydas delos mismos in
dios de aq̃lla tierra q̃ se las hã enseñado dẽtro enel pueblo τ puerto ðl ca
ciq̃ carex. q̃ es el pricipal ð la ysla de codego/q̃ esta enla boca ðl puerto ð
la dicha cartajena:la q̃l en lẽgua ð los indios se llama coro:la qual ysla τ
puerto está ala vãda ðl norte ðla costa ð tierra firme en diez grados.

                                                                    h ij

Del estrecho d'la mar d'l norte ala d'l Sur.
¶ Del estrecho τ camino q̃ ay d'sde la mar
del norte ala mar austral/que dizen del Sur.   Cap.lxxxv.

Pinion ha seydo entre los cosmogra
phos τ pilotos modernos τ personas que dela mar tienen algun conoscimiento/que ay estrecho de agua desde la mar del
sur ala d'l norte/enla tierra firme: pero no se ha hallado ni visto hasta ago
ra/y el estrecho que ay/los que en aq̃llas partes auemos andado mas
creemos que deue ser de tierra/que no de agua:porque en algunas partes es muy estrecha/τ tanto que los indios dizen que desde las mõtañas
dela prouincia d' Esquegua/ y de vrraca/que estan entre la vna τ la otra
mar/puesto el hombre enlas cumbres dellas/si mira ala parte septentrio
nal se vee el agua τ mares del norte dela prouincia de veragua: y que mi
rando al oposito ala parte austral/o del medio dia / se vee la mar τ costa
del Sur τ prouincias que tocan enella de aquestos dos caciques/o seño
res delas dichas prouincias de vrraca y esquegua. Bien creo que si esto
es assi como los indios dizen que delo que hasta el presente se sabe esto
es lo mas estrecho de tierra pero segun dizen que es doblada de sierras
τ aspero/no lo tengo yo por el mejor camino/ni tã breue como el que ay
desde el puerto del nombre de dios que esta enla mar del norte / hasta la
la nueua cibdad de Panama q̃ esta enla costa τ a par del agua dela
mar del Sur:el qual camino assi mismo es muy aspero y de muchas sier
ras τ cumbres muy dobladas τ de muchos valles τ rios τ brauas montañas y espessissimas aruoledas τ tã dificultoso d' andar/que sin mucho
trabajo no se puede hazer:τ algunos ponen por esta parte/d' mar a mar
diez y ocho leguas/τ yo las põgo por veynte buenas/no porq̃ el camino
pueda ser mas delo q̃ es dicho / pero porque es muy malo segun de suso
dixe/el qual he yo andado dos vezes a pie. E yo põgo d'sde el dicho puer
to τ villa del nombre de dios siete leguas hasta el Cacique de juanaga/
(que tãbiẽ se llama/de capira) τ avn quasi ocho leguas: y desde alli otro
tanto hasta el rio de Chagre/τ avn es mas camino el de aquesta segun
da jornada:assi que hasta alli las hago diez τ seys leguas. τ alli se acaba
el mal camino: y desde alli ala puente admirable/ay dos leguas: y desde
la dicha puente ay otras dos leguas hasta el puerto de Panama. Assi q̃
son. xx. por todas a mi parescer. y pues tãtas leguas he andado peregri
nado por el mũdo/τ tanto he visto del/no es mucho q̃ yo acierte enla tas
sa d' tã corto camino como el q̃ he dicho que ay desde la mar d'l norte ala
d'l Sur.¶ Si como en nr̃o señor se espa/para la especieria se halla naue
gaciõ para la traer al dicho puerto d' panama como es muy posible oco

¶ Puente admi
rable.

¶ Nota q̃ gran
de aparejo ay
para la venida/
o traer d'la espe-
cieria desde la
mar d'l Sur ala
del norte τ a Es-
paña.

Del estrecho d'la mar d'l norte ala d'l Sur.

volente: desde alli se puede muy facilmente passar τ traer a estotra mar d'l norte/no obstāte las dificultades q̄ de suso dixe d'ste camino/como hōbre q̄ muy bié le ha visto/τ por sus pies dos vezes andado/el año d̄ .M.D.τ. xx.τ vn años. Pero ay marauillosa dispusiciō τ facilidad para se andar τ passar la dicha especieria por la forma q̄ agora dire. Desde panama hasta el dicho rio d̄ chagre ay q̄tro leguas d̄ muy buē camio/y q̄ muy a plazer le puedē andar carretas cargadas: porq̄ avn q̄ ay algūas subidas sō pequeñas τ tierra d'socupada de arvoleda τ llanas τ todo lo mas destas quatro leguas es raso: τ llegadas las dichas carretas al dicho rio/alli se podria embarcar la dicha especieria/en barcas τ pinaças/el q̄l rio sale ala mar del norte a cinco/o seys leguas debaxo del dicho puerto del nombre de dios y entra enla mar/a par de vna ysla peq̄ña que se llama ysla d̄ bastimentos/donde ay muy buen puerto (Mire. V. M. que marauillosa cosa y q̄ grande dispusicion ay) para lo q̄ es dicho/q̄ aqueste rio Chagre naciēdo a dos leguas dela mar del Sur/viene a meterse enla mar del norte. Este rio corre muy rezio y es muy ancho τ poderoso τ hondable y tā apropriado para lo que es dicho que no se podria dezir/ni ymaginar/ni dessear cosa semejante/tā al pposito para el efecto q̄ he dicho. ⸿La puēte admirable/o natural q̄ esta a dos leguas del dicho rio/τ otras dos del dicho puerto de panama: y enla mitad del camino/es desta manera: q̄ al tiempo q̄ a ella llegamos/sin sospecha d̄ tal edeficio/ni la ver hasta q̄ esta el hombre encima della/yendo hazia la dicha panama/assi como comiēça la puente/mirādo ala manderecha/vee debaxo d'si/vn rio q̄ desde dō de el hombre tiene los pies hasta el agua ay dos lanças de armas/o mas en hōdo/o altura: y es peq̄ña agua/o hasta la rodilla la q̄ puede llevar/y de treynta/o quarenta passos en ancho el qual rio se va a meter enel otro rio de Chagre q̄ primero se dixo. y estando assi mismo sobre la dicha puēte τ mirādo ala parte siniestra/esta lleno d̄ arvoles/τ no se vee el agua/po la puente esta enlo q̄ se passa/tan ancha como quinze passos/y es luenga hasta setenta/o ochenta: τ mirando ala parte por dōde debaxo della passa el agua/esta hecho vn arco d̄ piedra y peña biua natural q̄ es cosa mucho de ver/τ para marauillarse todos los hōbres d'l mūdo d'ste edeficio hecho por la mano de aq̄l soberano hazedor d'l vniuerso. Assi que tornā do al proposito dela dicha especieria/digo q̄ quando a nuestro señor le plega que en ventura de vuestra. M. se halle por aquella parte y se nauegue hasta la conduzir ala dicha costa τ puerto de panama y de alli se traya segun es dicho por tierra y en carros hasta el rio de Chagre y desde alli/por el se ponga/enestotra mar del norte donde es dicho/y de alli en España/mas de siete Mil leguas de nauegacion se ganará/τ cō mucho menos peligro de como al psente se nauega/por la via que el comēdador

⸿Nota.

⸿La forma d'la puente admirable.

⸿Nota quanto camino τ tiēpo se puede abreu ar enla nauegacion d'la especieria.

B iij

[101]

fray gracia de loaysa capitan de. V. M. que este presente año partio para la dicha especieria lo ha de nauegar: y de tres partes del tiempo/mas delas dos se abreuiaran τ ganaran por este otro camino. y si algunos d' los que lo podrian auer hecho/desde la dicha mar del sur se ouiessen ocupado en buscar desde ella/la dicha especieria/yo soy de opinion q̃ auria muchos dias que la ouiessen hallado: τ base de hallar sin ninguna dubda queriendola buscar por aquella parte/o mar/segũ la razon dela cosmographia.

Capitulo. lxxxix.

C Nota.

Os cosas muy de notar se puedẽ colegir deste Imperio ocidental destas Indias d'. V. M. de mas delas otras particularidades dichas y de todo lo que mas se puede dezir/que son de grandissima calidad cada vna dellas. Lo vno es la breuedad del camino τ aparejo que ay desde la mar del Sur para la contratacion dela especieria y delas innumerables riquezas delos reynos τ señorios que conella confinan τ ay de diuersas leguas τ naciones estrañas. Lo otro es considerar/que innumerables tesoros hã entrado en Castilla por causa destas Indias/ y que es lo que cada dia entra/ τ lo que se espera que entrara: assi en oro y perlas como en otras cosas y mercaderias que de aquellas partes continuamente se traen τ vienen /a vuestros reynos/antes que de ninguna generaciõ estraña sean tratados ni vistos sino delos vasallos de . V. M. Españoles. Lo qual no solamente haze riquissimos estos reynos τ cada dia lo serã mas: pero aun alos circunstantes redunda tanto prouecho τ vtilidad que no se podria dzir sin muchos renglones y mas desocupacion dela que yo tengo: testigos son estos ducados dobles que. V. M. por el mũdo desparze / y q̃ destos reynos salen/ y nunca a ellos tornã / porque como sea la mejor moneda que oy por el mundo corre/ assi como entra en poder de algunos estranjeros jamas sale/ y si a España torna/ es en abito dissimulado τ baxados los quilates y mudadas vuestras reales insignias: la qual moneda / si este peligro no touiesse/ τ no se deshiziesse en otros reynos para lo que es dicho/ de ningun principe del mundo/ no se hallaria mas cantidad de oro en moneda ni que pudiesse ser tanta con grandissima cantidad τ millones de oro /como la de. V. M. de todo esto es la causa/las dichas indias de quien breuemente he dicho lo que me acuerdo.

S.C.C.R.M. Fo. lij

Yo he escripto eneste breue sumario o relacion, lo que de aquesta natural istoria he podido reduzir ala memoria: y he dexado d' hablar en otras cosas muchas de que enteramente/no me acuerdo/ni tan al proprio como son se pudieran escreuir: ni expressarse tan largamẽte como estan en la general τ natural istoria de Jndias que de mi mano tengo escripta/segun en el proemio τ principio deste reportorio dixe: lo qual tengo en la cibdad de santo Domingo dela ysla Española. A .V.M. vmilmente suplico resciba por su clemencia la voluntad con que me mueuo a dar esta particular informacion delo que aqui he dicho/hasta tãto que en mayor volumẽ τ mas plenariamente/vea todo esto/τ lo que desta calidad tengo notado/si ser uido fuere que lo haga escreuir en limpio/para que llegue a su real acatamiento y desde alli con la mesma licẽcia se pueda diuulgar: porque en verdad es vna delas cosas muy dignas de ser sabidas y tener en grã veneracion/por tan verdaderas τ nueuas alos hombres deste primero mũdo/que Tholomeo tenia en su cosmographia/τ tan apartadas τ diferẽtes de todas las otras istorias desta calidad/que por ser sin comparaciõ esta materia τ tan peregrina/tengo por muy bien empleadas mis vigilias y el tiempo τ trabajos que me han costado ver/y notar estas cosas: y mucho mas si con esto. V.M. se tiene por seruido de tan pequeño seruicio a respecto del desseo con que le haze.

El menor delos criados dela casa real de
V.S.C.C.M. que sus reales pies beso.

Gonçalo Fernandez de
Ouiedo alias d' valdes.

Tabla.

Siguese la tabla deste libro por la ordē del abecedario: τ qualquiera cosa que se quisiere buscar hase de hallar en las acotaciones que estan enlas margenes de cada hoja: alas q̄les esta referido el presente abecedario.

A

Animales cori τ hutia. fo.iiij.
Ay enla ysla d̄ cuba todas las cosas q̄ enla española. fo.viij.
Algodon. fo.xij.
Alcatraz. fo.xxvj.
Abispas y abejas. fo.xxx.
Aludas. fo.xxxj.
Arañas. fo.xxxiij.
Aruoles y plantas τ yeruas. fo.xxxiij.
Aruoles grandes. fo.xxxix.
Albahaca. fo.xlj.
Auellanas para purgar. fo.xlj.
Abejas. fo.xlj.

B

Bexucos. fo.xvj.
Beori animal. fo.xx.
Biuoras/o tiros. f.xxxj.
Batatas. fo.xlj.
Bihaos. fo.xliij.

C

Con que peleā los indios. f.x.
Comē los indios carne vmana τ son sodomitas τ tirā cō yerua sus frechas. f.xj
Casa de municiō d̄ saetas τ yeruas. f.xj
Con que pelean los indios. fo.xij.
Como toman los puercos y venados. fojas. xij.
Como se limpian dela purgacion las indias quando paren. fo.xiij
Cubren sus verguenças en algūas partes o prouincias las mugeres. fo.xiij.
Como se purgan conel bexuco. fo.xvj.
Como se sajan los indios. fo.xviij.
Como se pintan los indios. fo.xviij.
Como se alçā las tetas las mugeres q̄ndo se les caen. fo.xviij.
Como se hazen lleuar de camino los indios. fo.xviij.
Cieruos. fo.xx.
Conejos τ liebres. fo.xxj.
Churchas. fo.xxiiij.
Cueruos marinos. fo.xxvij.
Culebras o sierpes. fo.xxxj.
Cangrejos. fo.xxxiij.
Cocos aruoles. fo.xxxv.
Ciertos leños que reluzen de noche como fuego. fo.xl.
Cañas. fo.xlj.
Culantro. fo.xlj.
Calabaças. fo.xlij.
Como los indios saben dorar. fo.xlvj.
Cobre rico. fo.xlvj.

D

Dela ysla española y d̄ su grandeza τ otras particularidades della. fo.iij.
Delos pueblos dela ysla española. fo.iiij.
Dela cibdad de santo domingo. fo.iiij.
Del castillo o fortaleza de santo domingo. fo.v.
Del puerto dela cibdad de santo domingo. fo.v.
Dela gente natural dela española τ otras cosas. cap.iij. fo.v.
Del mabiz pā d'los ī dios. capi.iiij. fo.v.

Tabla.

De los mantenimientos de los indios allende del pan. cap. vj. fo. viij.
Delos çories τ hutias animales. fo. viij.
Delas y.v.anas/ que son sierpes. f. viij.
Delas aues dela ysla española. fo. viij.
Dela ysla de cuba τ otras. fo. viij.
Delas niguas q̃ se hazẽ en los pies. f. ix.
Delas cosas de tierra firme. cap. ix. f. ix
Del crecer y mẽguar del mar oceano y mediterranco. fo. x.
Del rio de sant Juan. fo. x.
Del rio marañon τ su grandeza. fo. x.
Del golfo de vraba. fo. x.
Delos indios coronados. fo. xj.
Del rio grande que llaman guadalquiuir. fo. xj.
De que se haze la yerua con q̃ tiran sus frechas los indios. fo. xj.
Del cabo de sant agostin. fo. xij.
Dela continẽcia delas mugeres de tierra firme. fo. xiij.
Del adeuino llamado tequina que habla conel diablo. fo. xiij.
Dela tierra que nueuamẽte hallo el piloto esteuã gomez. el año d. d. xxv. f. xiiij
Del buracan o tempestad. fo. xv.
De q̃ manera preparan los indios muertos que son señores paraque no se dañen los cuerpos. fo. xv.
Delo que se espantan los indios delas letras. fo. xv.
Delos berucos con que atan. fo. xvj.
Delos filos y cuerdas de cabuya y henequen. fo. xvij.
Delas aues conoçidas y de otras muy diferentes. fo. xxiiij.
Delas plantas τ yeruas. cap. lxxx. f. xlj.
Diuersas particularidades de cosas. fo. xliij.
Delas minas del oro. fo. xlv.

Delos pescados y pesquerias. fo. xlvij.
Delas tortugas. fo. xlvij.
Delos tiburones. fo. xlvij.
Delos manaties. fo. xlviij.
Dela piedra del mañati. fo. xlviij.
Del pexe vihuela q̃ en españa se llama espadarte. fo. xlviij.
Delas toñinas. fo. xlviij.
Doradas. fo. xlviij.
Delos pexes boladores. fo. xlviij.
Dela pesqueria delas perlas. fo. xlix.
Donde se toman las perlas en la mar del sur. fo. l.

E

El prohemio. fo. ij.
El capitan Francisco hernandez fue el primero que toco en la nueua españa. fo. x.
En que partes pueblã los indios. f. xij.
En que altura τ grados esta el golfo de vraba. fo. xij.
El yuierno y verano al contrario q̃ en España. fo. xij.
Entierranse los indios principales cõ muchas joyas de oro. fo. xv.
Encubertado animal. fo. xxij.
Escurpiones. fo. xxxiij.
Enzinas. fo. xxxvj.
En que partes dela tierra son los nascimiẽtos del oro. fo. xlvj.

F

Faysanes. fo. xxviij.

G

Gatos çeruales. fo. xx.
Gamos. fo. xxj.
Gatos monillos. fo. xxiij.
Gallinas olorosas. fo. xxvij.
Guanabano. fo. xxxiiij.
Guayaba. fo. xxxiiij.
Guayacan. fo. xxxvij.

Tabla.

Garrapatas. fo.xliiij.
Grano de oro que peso tres mil y doziē
tos pesos y otros grāos mēores. f.xlvj

H
Igos todo el año. fo.iiij.
Hernādo cortes fue el tercero
capitan q̄ ēbio Diego velaz
quez ala nueua España.f.x.
Hormigas. fo.xxx.
Higos del maſtuerço. fo.xxxvj.
Higueros. fo.xxxvij.
Hobos. fo.xxxvij.

Y
Iglesia episcopal de la Eſpa=
ñola. fo.v.
Indios frecheros. fo.xj
y/una sierpe. fo.xxxij.
yerua mora. fo.xlj.
y.q̄ es vna yerua para purgar. fo.xlj.

L
La nauegacion del camino de
las indias. ē el cap.j. fo.iij.
Lago de xaragua. fo.iij.
La casa del Almirante en la
Eſpañola. fo.v.
La gente dela yſla Eſpañola. fo.v.
La manera de como los indios pescan
conel pexe reuerso. fo.viij.
La manera de como toman los indios
las ansares brauas. fo.ix.
Los nōbres delos idios pricipales.f.xj
Los dias y las noches quasi yguales
todo el año. fo.xij.
Llamase la muger.yra. fo.xiij.
Los caribes no toman esclauos por co
merselos. fo.xiij.
Llaman Tuyra al diablo/y al chriſtia=
no en algunas partes. fo.xiiij.
La manera de como hazen vino los in
dios. fo.xvj.

La manera delas casas delos indios.
fo. xvj.
Las camas en que duermē los indios.
fojas. xvij.
La manera de como con vn hilo cortan
vnos grillos. fo.xvij.
Las bozinas y atābores delos indios.
fo. xviij.
Los sartales y cuētas d'los idios.f.xviij
Leones reales. fo.xx.
Leones pardos. fo.xx.
Lagartos o dragones. fo.xxxij.
La manera de como los indios encien
den lumbre. fo.xl.
Los aruoles con que se sueldan las q̄=
braduras. fo.xlij.
La manera de como los indios tiñen y
dan colores. fo.xliij.
Los indios son inclinados a tratar.zc.
fojas. xlv.
La manera de como se saca el oro. f.xlv
La forma dela puēte admirable. fo.lj.

M
Muy ricas minas de oro en la
Eſpañola. fo.iiii.
Mucho algodon. fo.iiii
Mucha cañafiſtola. fo.iiii.
Muchos ingenios de açucar. fo.iiii.
Muchas frutas naturales dela yſla/y
delas q̄ de aca se han lleuado. fo.iiij.
Muchas vacas y ouejas/y d' todos ga
nados. fo.iiij.
Muy buenos pastos y ayres y aguas.
fo. iiij.
Dinero de betū como pez/o brea. f.viij
Muchos daños que hā hecho los chri
ſtianos. fo.xiiij.
Murcielagos. fo.xx.
Moscas y mosquitos. fo.xxx
Mamey/aruol. fo.xxxiiij.

Tabla.

Membrillos. fo.xxxvij.
Mançanos dela yerua. fo.xxxix.
Melones muy buenos todo el año. f.xlj
Mastuerço. fo.xlj.
Melones grandes naturales delas indias. fo.xliij.
Mucho cobre rico. fo.xlvj.
Mucha plata. fo.xlvj.

N
Nota q̃ el çumo dela yuca de q̃ hazen pan es venino. fo.vij.
Nota la manera de como se matan los indios de su grado. fo.vij.
Nota falsa opinion delos antiguos / y la costelacion dela tierra firme / y del linia equinocial / y porq̃ no se arrayga hondo los aruoles en tierra. fo.xij.
Nota en q̃ parte delas idias no se veen las guardas de nuestro norte estando enel pie. fo.xij.
Nota que auiso enla succession dlos estados delos indios. fo.xiij.
Nota vn grandissimo misterio del santo sacramento.
No tienen barbas ni pelos en parte alguna los indios. fo.xviij.
Nota diferentes maneras de aruoles y maderas. fo.xl.
Nota delos piojos. fo.xliiij.
Nota donde esta fixa la calamita o piedra yman conel norte. fo.xliiij.
Nota esta mercaderia de Grillos y Cigarras. &c. fo.xlv.
Nota este indicio y propriedad del caruon. fo.xlvj.
Nota esta propriedad del oro. fo.xlvj.
Nota ppriedad dl mar oceano. f.xlviij.
Nota q̃ la ysla bermuda es la que mas lexos esta de tierra firme / o otra ysla en todo el mundo. fo.xlix.
Nota lo q̃ los indios estã debaxo del agua pescando perlas. fo.xlix.
Nota que grande aparejo ay para traer breuemente el especieria a España. &c. fo.l.

O

Ortaliza todo el año. fo.iiij
Otra tercera manera de casas. fo.xvj.
Osso hormiguero. fo.xxj.

P
Perdizes. fo.viij.
Pelotas de lombardas naturalmente nacidas. fo.viij.
Prouincia de cueua. fo.xj.
Porque son las diferencias delos indios / y se matã y hazen esclauos. f.xiij.
Porque causa se mata los indios de su voluntad quãdo muere el caciq̃. fo.xv.
Penachos y armaduras de oro. f.xviij.
Puercos. fo.xxj.
Perico lijero. fo.xxij.
Perros. fo.xxiij.
Paxaros bouos. fo.xxv.
Paxaros patines. fo.xxv.
Paxaros noturnos. fo.xxv.
Pauos. fo.xxv.
Perdizes. fo.xxviij.
Paxaros picudos. fo.xxviij.
Paxaro loco. fo.xxviij.
Picaças. fo.xxix.
Paxaros pintadillos. fo.xxix.
Paxarico mosquito. fo.xxix
Palmas. fo.xxxv.
Pinos. fo.xxxvj.
Parras y huuas. fo.xxxvj.
Perales. fo.xxxvij.
Palo santo / por otro nombre guayacã fojas. xxxvij.

Tabla.

Piñas. fo.xlij.
Platanos. fo.xlij.
Piedras preciosas. fo.xliiij.
Puente admirable. fo.l.

Que auia dos reyes enla espa
ñola quãdo se dscubrio. f.iiij
Quel çumo dela yuca/q̃ pri
mero es venino se torna dul
ce y agro/y es sano.zc. fo.vij.
Que ay otro genero d yuca que no ma
ta el çumo.zc. fo.vij
Quantas mugeres tienen los indios z
con quien se casan. fo.xiij.
Que cosa es el areyto/y como cantã los
indios. fo.xv.
Quarta manera de casas delos indios.
fojas. xvij.
Que cosa es naboria. fo.xviij.
Que no pierde la hoja los aruoles en
las indias en ningun tiempo. fo.xl.

Rio de sant Juã/y el rio mara=
ñon/z de su grandeza. fo.x.
Rio grande que llaman gua
dalquiuir. fo.xj.
Raposas. fo.xx.
Rabihorcados. ∴ fo.xxv.
Rabo de junco. fo.xxv.
Ruyseñores. fo.xxix.

S
On mugeres muy estrechas
las de tierra firme. fo.xiij.
Sacrifican los indios al dia
blo. fo.xiiij.
Son los caciques y señores delos indi
os muy acatados. fo.xvij.
Son muy grandes nadadores los in=
dios. fo.xvij.
Sapos. fo.xxxiiij.

Solo el aruol d̃la cañafistola pierde la
hoja z alcaça con las rayzes al agua.
fojas. xl.
Son sodomitas los indios. fo.xliiij.
Saben muy bien hazer sal de agua de
la mar los indios. fo.xliiij.

Odo lo que se siembra delas
cosas d españa se haze muy
bien en las indias. fo.iiij.
Tres monasterios en la cib=
dad de santo domingo. fo.v.
Toman las indias vna yerua con que
mucuen la preñez. fo.xiij.
Tienen los indios muy grueso el casco
dela cabeça. fo.xviij.
Tigre. fo.xix.
Zauanos. fo.xxxj.
Trebol. fo.xlj. Tunas. fo.xlij.
Truecan las mugeres los idios. f.xliiij

U
N hospital muy bueno ẽ la cib
dad de scõ domigo. fo.v.
Verdolagas. fo.xlj
Verenjenas. fo.xlij
Una pla q̃ tiene pedrarias q̃ pesa. xxxj
quilates/ y otra de.xxvj. qlates. fo.l.

X
Xagua/aruol. fo.xxxviij.

Z
Zorrillos. fo.xxiij.

¶ El p̃sente tratado in
titulado Ouiedo dela natural hystoria
dlas indias se imprimio a costas del au
tor Gõçalo Fernãdez de Ouiedo al's de
Ualdes. Por industria de maestre Re
mõ de petras: z se acabo enla cibdad de
Toledo a.xv.dias del mes de Hebrero.
de.M.D.xxvj. años.

Sponsors

George Cotton Smith Adams

Martha Cabell Akers

Frederick Jackson Allred

Raymond Nelson Andes

Spurgeon Whitfield Baldwin, Jr.

Hal Lackey Ballew

James Worth Banner

Linton Lomas Barrett

William Harrell Baskin III

James Rush Beeler

Sarah Fore Bell

Walter Houghton Bishop

Shasta Monroe Bryant

Ruth Foster Campbell

Robert Thomas Cargo

Marcia Snipes Carter

Annette Grant Cash

Paul Nicholas Chryssikos

Calvin André Claudel

Pauline Bryson Collins

Alex Corriere

John Armstrong Crow

Mary Jane Culverhouse

Elizabeth Rezner Daniel

George Bernard Daniel, Jr.

James Herbert Davis, Jr.

William Joseph De Sua

Dana Blackmar Drake

Frank Marion Duffey

Samuel Dunbar Duncan, Jr.

Marilyn Lamond Eddington

Reuben Young Ellison

John VanGaasbeek Elmendorf

Maurice Elstun

Alfred Garvin Engstrom

Mary Claire Engstrom

Robert Louis Fiore

Weston Flint

Barbara Elaine Gaddy

José Miguel Gallardo

Francis Ghigo

Marion Austin Greene

John Miller Grier

John J. Guilbeau

Edward Buck Hamer, Jr.

Jacques Hardré

Francis Clement Hayes

Walter Ritter Heilman, Jr.

Gustavo René Hernández

Urban Tigner Holmes, Jr.

Joseph Candler Hutchinson

Charles Javens

Ada Austin Johnson

David Donovan Johnson

James Henry Johnson

William Weisiger Johnson

Philip Houston Kennedy

Harry Lee King

William Lupo King

Marjorie Tarleton Kirby

John Harry LaPrade

Sturgis Elleno Leavitt

Robert Guilford Lewis

David Hallam Littlejohn

Anthony George Lo Ré

Leon Faidherbee Lyday III

William Rainey Manson

Frederick Carlyle Martin

Hester Poole Matthews

Jaures Salvatore Mazzone

Florence McCulloch

Raymond Ralph MacCurdy, Jr.

David Franklin McDowell

William Albert McKnight

Emanuel John Mickel, Jr.

Robert Alfred Miller

Rafael Joseph Miranda

John Aiken Moore

Dorothy Mae Mulberry

Charles Leslie Nelson

Margaret Eleanor Newhard

Catharine Elizabeth Neylans

Maurice Alfred Parkinson

Mary Paschal

Mamie Salvá Patterson

James Singleton Patty

John Hunter Peak

Wyatt Andrew Pickens

Dorothy White Pitts

George Waverly Poland

Van Polyson

Constantino Enrique Pupo-Walker

Manuel D. Ramírez

José Luis Rey-Barreau

Charles Russell Reynolds

William Willis Ritter, Jr.

Stanley Linn Robe

William Maurice Russell

María Antonia Salgado

William Callier Salley

Anne Lindsey Seay

Hugh Nelson Seay, Jr.

Lawrence Albright Sharpe

Robert Newton Shervill

Archibald Kenneth Shields

William Harris Shuford

James Monroe Smith, Jr.

Wilburn Philip Smith

Jackson Gillen Sparks

Lewis Bellinger Stabler

Ella McRae Stagg

Bobby Ray Stinson

William Emile Strickland

Henry Tracy Sturcken, Jr.

Cecil Grady Taylor

Edward Davis Terry

John Archie Thompson

Pedro Nicholas Trakas

Donald Webb Tucker

Elbert Daymond Turner, Jr.

Fleming Greene Vinson

Frederick Wright Vogler

Mary Frances Angle Vogler

Don H. Walther

Yulan McLeod Washburn

William Rowe Weaver

Rogers Dey Whichard

Shirley Blue Whitaker

Joseph Willard Whitted

William Leon Wiley

Sidney James Williams, Jr.

William Sledge Woods

Johnny LeRoy Young

Louis Jennings Zahn

The Department of Romance Studies Digital Arts and Collaboration Lab at the University of North Carolina at Chapel Hill is proud to support the digitization of the North Carolina Studies in the Romance Languages and Literatures series.

www.ingramcontent.com/pod-product-compliance
Lightning Source LLC
Chambersburg PA
CBHW030237240426
43663CB00037B/1237